尚生活
人人都想要的
瘦腹力
甘思元（Kenny）著
当代中国出版社
Contemporary China Publishing House

图书在版编目(CIP)数据

人人都想要的瘦腹力 / 甘思元著. -- 北京 : 当代中国出版社，2017.1
(尚生活)
ISBN 978-7-5154-0749-4

Ⅰ. ①人… Ⅱ. ①甘… Ⅲ. ①腹—肌肉—体育锻炼 Ⅳ. ①G831.3

中国版本图书馆 CIP 数据核字(2016)第 275218 号

版权合同登记号　图字：01-2016-6481

出 版 人　曹宏举
策划编辑　隋　聃
责任编辑　隋　聃
责任校对　康　莹
摄　　影　子宇工作室·张纬宇
封面设计　闰江文化
内文设计　北京恒晟国际文化传播有限公司
出版发行　当代中国出版社
地　　址　北京市地安门西大街旌勇里 8 号
网　　址　http://www.ddzg.net　邮箱：ddzgcbs@sina.com
邮政编码　100009
编 辑 部　(010)66572264　66572154　66572132　66572180
市 场 部　(010)66572281 或 66572155/56/57/58/59 转
印　　刷　北京宝昌彩色印刷有限公司
开　　本　787 毫米×1092 毫米　1/16
印　　张　11.75 印张　插图 258 幅　138 千字
版　　次　2017 年 1 月第 1 版
印　　次　2017 年 1 月第 1 次印刷
定　　价　72.00 元

男人女人都要瘦肚子

序

虽然这是一本教你怎么瘦肚子的书。但，同时也是一本可以补充你正确运动知识，让你因为运动对了而远离伤痛，带给你身心更健康的书。

男人女人都要瘦肚子？

是的！每个人都要瘦肚子，不是为了别人，也不是为了爱美，而是为了自己的健康！

长期以来，我最常被问到的是“如何练肌肉？”“如何减肥？”“怎么样可以变壮？”“要怎么变瘦？”等有关练身材的问题。而且随着夏日到来，问我如何瘦肚子的人越来越多，这真是令人费解，难道冬天就可以“大肚子”吗？我认为，不管男人女人、春夏秋冬，为了我们的健康，都要瘦肚子！

不可否认，身材外形的确是一件很重要的事情。而我们的外形通常也是给人最重要的第一印象，维持好的体态与外形在一切讲究“效率”的现代社会，也更加重要。所以，减重、塑形、健身等话题，也常常是各行各业的营销重点。我知道，变美的话题永远比健康的话题更吸引人，可是当人失去健康时，你可能宁愿变“不美”也都要找回健康，是吧？！

所以，在这本书里我依然坚持一贯的立场，我们的身形与外表会因为我们做对事情而变健康、变好看，以“运动健护健康方程式＝心态＋体能＋保养＋营养”的理念为基础，强调追求身心灵的健康才是重点，“如何健康地瘦肚子？”才是我写这本书的初衷。如果你只想美不想健康，想要身材好但又不想运动，认为“只要好看，什么都可以……”，这本书可能就不是很适合你了！

以下是这本书中几个重要的基本观念：

1. 身体和植物一样，你只要给身体需要的环境、养分、阳光、空气、水，它自然会长得好。而且每棵植物都有其特殊的长相与需求，不应该要求所有的植物都要一样瘦、一样高。

2. 只做仰卧起坐，无助于瘦肚子：想想看，你把肚子的肌肉练大了，却留下肚皮外面的“油皮大衣”，肚子会变小吗？更别说可以看到八块腹肌了！

3. 要瘦肚子，先瘦腹腔：如果你的腹腔就是一副松垮的“皮球”，即使没有厚厚的油包在外面，看起来也是大大的鲔鱼肚。所以，在把外面的“油皮大衣”脱掉前，先把自己的腹腔变小、变结实吧！

4. 去掉你的“油皮大衣”：多做快慢交替的间歇运动吧！不要一味地只做一样强度的有氧运动，最好用“3分钟＋30秒”的“有氧＋无氧”交替运动来甩掉你身上的脂肪，它能让你在同样的时间内消耗更多的“油”。

5. 调整你的体态：“大肚子”，有时候是腰椎与骨盆的问题，不一定是“太肥”的问题。把身体挺直，抬头挺胸，稳定腰椎与骨盆是调整体态的第一步，也是瘦肚子的关键。

6. 增加你的“燃脂引擎”：肌肉，不只可以让身体有好的外形，也是提高身体自我代谢热量的“引擎”，所以在你脱去过多体脂的同时，也要增加身体的肌肉量！

7. 少吃不是重点，吃对身体需要的营养才重要！

8. 重视运动后身体的恢复保养，给身体对的营养比训练本身更重要。

9. 保持快乐、正向的心情与态度，比瘦肚子更重要！

瘦肚子前，先调整好自己的思想与心态，你才有机会真正健康、快乐地瘦肚子！否则，精瘦的肚子与姣好的身材搭配在阴暗黑白的人生中，又有何意义！

最后，我要感谢力格运动健护中心林郁超、邱瑜婷、洪梵恩及所有教练的协助，因为他们不断自我要求、精益求精、坚持运动健护与对贡献社会的理念，让我有机会可以用我们一贯坚持的想法与“另类的角度”，和大家分享这个几乎已经被谈烂的题目——瘦肚子。

甘思元（**Kenny**）

Contents 目录

第一部分 瘦腹力的正确观念

第二部分　瘦腹力的正确运动

第三部分 瘦肚子的正确保养

第四部分 瘦肚子的正确饮食

第五部分 瘦腹力的六周训练课表

第一部分 瘦腹力的正确观念

观念错了，方法就错了；方法错了，结果也就错了。

锻炼自己的身体，最重要的不是急着做什么运动，而是先调整好自己的想法、纠正错误的观念。即使像“瘦腹力”这样普通易懂的话题，也需要有专业的知识与正确的观念来引导你做运动，别以为复制别人的运动你就一定会有一样的结果，先把我们头脑里的东西弄对了，身体才会对！所以瘦肚子的观念错了，当然也不会有好的结果。

让我们就开始先从头脑锻炼起吧！

让我们从头脑锻炼起

为什么会有鲔鱼肚、游泳圈？

培养自己的瘦腹力前，要先了解自己：为什么我会有胖肚子？

胖肚子不会是一个因素造成的，就像一个人之所以会生病通常也不会是单一原因造成的一样。因此，想要解决自己的“肚子危机”，当然也不会是一招见效，需要先从不同的角度与方面来了解自己，找出自己可能造就“伟大”肚子的原因后，再来对症下药，绝对不要人云亦云，把别人大肚子的成因当作自己大肚子的原因，然后用别人的

瘦肚子方法套用在自己的身上，就像一个人生病却吃别人的药一样，很不好吧！

1 好吃懒动

不管男女，大肚子最主要的原因是：吃太多、动太少！身体就会把你吃太多的营养（热量）用油的形式存起来，放到全身的组织中，这当然包括身体里的内脏，其中最常见的就是脂肪肝，放在血管里就是三酸甘油酯，放在肚子里就是大肚子，你吃得越多且动得越少，你身体储存脂肪的能力就越好，那么可想而知你身上的油会有多少？！肚子能不大吗？不过，看得到的大肚子虽是一件令人担心的事，看不到的脂肪肝、三酸甘油酯恐怕也不是好事。

2 脊椎与骨盆的问题

其实，大肚子也不一定只是肚子太大的问题，支撑我们肚子的“骨架”太突出了，也会让我们的肚子看起来变大，其中最常见的有两种：

上腹凸，即骨盆前倾（Pelvic Anterior Tilt），导致腰椎过度伸张（Lumbar Spine Hyper-Extension），就好像演戏时假装怀孕把腰椎往前凸，这时我们的骨盆就会过度前倾，尤其是经常穿高跟鞋的小姐们，因为脚跟被垫高了，身体为了直立的需求，腰椎就会前移同时骨盆前倾，上腹部就会比较突出，看起来肚子就会变大。这时，如果你的“腹油”也不少的话，那么你的肚子，特别是上腹部，就会太过“伟大”了。而且这样的体态，也会导致腰椎的压力过大，常常会造成腰部酸痛。如果你有大肚子加上腰酸背痛的症状，那么你可能就要特别细心地做我说的瘦腹力了，因为那不只是把身体的油消耗掉，就可以解决的事。

下腹凸，骨盆后倾（Pelvic Posterior Tilt），导致腰椎弧度过直，髋部过度伸张（Hip Hyper-Extension），就好像身体坐进松软的沙发里一样，下腹部就会自然而然往前凸，这样的骨盆位置几乎会让人站不直，也几乎很难用臀部的力量。腿的用力会特别多，膝盖的压力也会特别大。所以，把身体拉直挺胸和臀部力量的核心使用变得很重要。如果你没有察觉这是体态出了问题，还一直想用快走或慢跑来瘦肚子，恐怕肚子还没瘦成，结果膝盖和腰椎就先受伤了。这也是一般人最常忽视而造成自己运动伤害的原因之一。

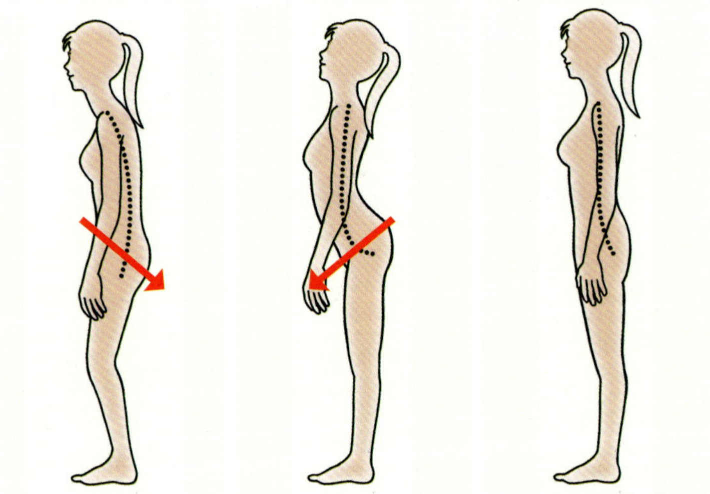

骨盆后倾

容易出现下腹微凸的体态，膝盖压力会很大

骨盆前倾

容易出现上腹微凸的体态，常有腰椎疼痛的困扰

正常体态

健康体态的脊椎骨呈微弯的S型曲线

3 睡眠不足

我们都知道睡眠很重要，却很少有人知道睡眠跟体重的关系。

我们似乎都有一个似是而非的观念：少睡一点免得变胖。好像睡觉就是变胖的凶手之一，其实恰恰相反，充足的睡眠是瘦身变小肚肚的关键！

原因一：我们身体代谢过多脂肪最重要的时间就是睡眠时，尤其是深睡的时候，甚至我们深睡时身体的能量来源几乎100%全来自于身上的脂肪，所以好质量的睡眠是瘦身的重要步骤。

原因二：当我们睡觉时会分泌“瘦体素”（Leptin），瘦体素顾名思义，它就是刺激身体代谢体脂效率的荷尔蒙，如果缺少瘦体素我们身体就会降低油脂的代谢速率。有了瘦体素的分泌，身体自然而然就可以——躺着也变瘦。

所以，好质量而且充足的睡眠是瘦腰、瘦身的重要因素。

4 情绪与压力的问题

我曾经带过一些职业选手，他们的运动量比一般人大很多，可是有时候却发现他们比一般人更难消肚子，一开始我也百思不得其解，他们虽然吃得多，但运动量更多，肚子却小不下来，后来我发现这类的选手通常压力大时比较不容易自我排解，常常在比赛前一直焦虑，比赛后如果输了也很难释怀。因为压力荷尔蒙会在我们焦虑的时候悄悄地分泌，这种内分泌会抑制身体脂肪的代谢，所以即使是你运动量很大，身体会用别的物质来提供热量，反而把身体的油留下来，这样的状况就会让肌肉量降低、体脂率提高、肚子变大、体力变差。

为什么会有胖肚子危机?

1 原因
吃太多、动太少，脂肪上身非梦事

2 原因
脊椎歪、骨盆不正，小腹不凸也难

3 原因
睡不好、睡不足，代谢变差就会胖

4 原因
心情坏、压力大，运动再多也会胖

培美瘦腹力的八大正确观念

想要摆脱身上的鲔鱼肚、游泳圈，要有正确的观念。观念对了，目标才不会偏离，更不会因为错误的想法，失去健康与健身乐趣。

1 每个人都要瘦肚子，变美变健康

现代人流行瘦肚子，我举双手赞成，而且应该推广让人人都来瘦肚子，不管你是男生或女生！而我支持瘦肚子的理由是为了兼具健康与美感。

爱美是人的天性，我们应该去发扬光大，就像古希腊的雕像一样，让美变成一种可以源远流长的文化与流行，但是如何结合对人身体的健康，让人因美而更有动力追求健康，让人因美而更愿意运动。

瘦肚子岂止是瘦肚子而已，瘦肚子是要让身体变美、变得有线条、变得更健康。光是讲求“瘦”是不健康的！特别是现代人，以为瘦就是好，这是一种错误的观念。让身体的功能正常、肌肉有力量，身体的整体体态均衡好看，日常活动时不会一直感到这里痛、那里酸，这样才是我想教大家的“瘦腹力”。

2 瘦肚子前，先摆正脊椎

瘦肚子绝对不会是只有“肚子”的事，那是攸关全身体态的事。

许多人总是不断地抱怨自己的肚子太凸，以为那是肚子太大，其实不一定是肚子大，更有可能是腰椎和骨盆的问题。

你可以试试看，把腰挺得更出去一点，假装像是怀孕的孕妇，你会发现你的肚子瞬间变大了。所以，肚子大，别先怪罪肚子，要先确定肚子里的“骨架”是不是太凸了。否则，即使你的肚子只剩肚皮，依然会看起来像挺着大肚子一样，那就更难看了。

所以要瘦肚子，不是先把肚子变瘦，而是要先把骨架调整好，让身体骨架先变成一个“瘦体骨架”，让每一节脊椎关节与骨盆在一个对的位置、优美地排列，这样同时会有两个好处：一是看起来苗条好看；二是身体动起来优美顺畅。这样才可以同时兼顾健康与美感。

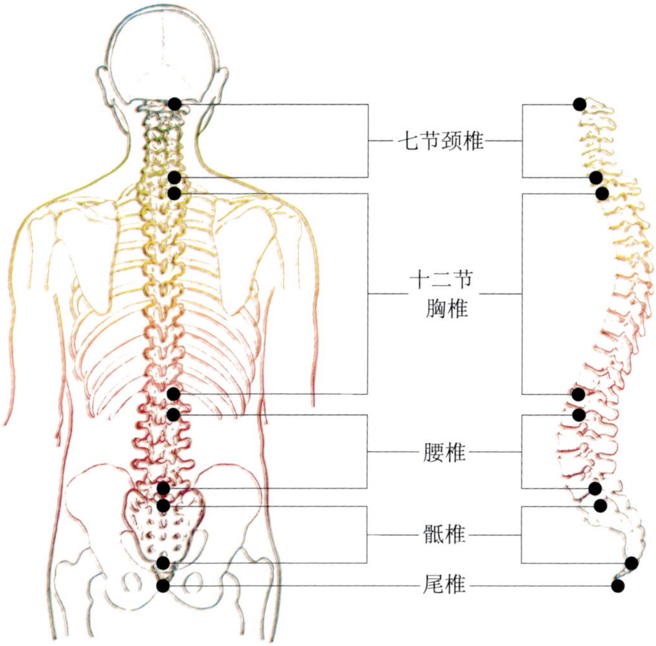

观察人体脊椎

正常脊椎从侧面观察，是呈微微弯曲的S形，而脊椎从脖子到屁股，分别为：七节颈椎、十二节胸椎、腰椎、骶椎（五块骨头合成）、尾椎（四块骨头合成），共有33块脊椎骨所构成。

3 先瘦腹腔，再瘦肚子

要瘦肚子，就要先让肚子往内缩。

其实肚子的里面就是腹腔，如果腹腔很大，肚子看起来当然大。你可以把肚子想成腹部肌群套在腹腔外面，腹腔越大肚子就越大。多数人总是把大肚子的主要原因归咎于“油脂太多”，以至于肚子大，但是腹腔大其实也是大肚子的元凶之一。

为何腹腔会变大？又如何让腹腔变小？其实，关键就是：腹部核心力量。

腹腔是被最里层的腹横肌包覆着，而包覆在腹横肌之外的才是我们熟知的腹部肌群。所以，腹腔会变大，是因为包覆腹腔的腹横肌松弛无力。要把腹腔变小，那就要让腹横肌变强、变有力，可以控制腹腔的大小。这样先把腹腔变小，再来瘦肚子，也同时会有两个好处：一是腹部在油脂还没变少的情形下，肚子就先变小了；二是把腹横肌锻炼好，腰部的酸痛会变少，身体的表现会变好。

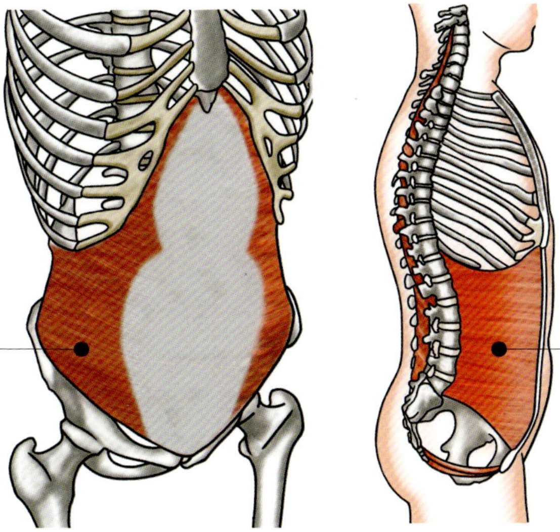

认识腹横肌

腹横肌是最深层的腹部肌肉，其肌纤维呈水平方向分布，收缩腹横肌会压缩腹腔，因此若能锻炼腹横肌变得紧实，腹腔相对会变小。

4 不是肚子胖就练肚子，降脂为优先

要瘦肚子的人，最常做的运动大概就是仰卧起坐了吧！“练哪里就瘦哪里”这样的想法对吗？如果这样的想法是对的，还会有那么多不同于仰卧起坐的书籍来教你瘦肚子吗？

相反的，动得越多训练越强的肌肉会变大还是变小呢？所以，当你开始锻炼你的腹肌时，其实你是在把你的腹部肌群变大喔！跟你想要的瘦肚子可是背道而驰的。如果你不先降低身体表层的油脂，就把腹肌练壮，就好像身上穿着一件厚厚的“油皮大衣”，即使是有健壮结实的八块肌，看得到吗？肚子看起来会变瘦吗？

先降低全身的脂肪！这是瘦肚子，也是瘦全身，更是让身体更健康的第一步，把身体的脂肪降低，同时也会降低身体中不好的血脂肪（三酸甘油酯），不只可以健美你的身材也可以清掉身体里不好的油脂，可以说是一举数得的绝佳健身方式。

要降低全身的脂肪也没有捷径。所有市面上宣称可以降低体脂的药、保养品、营养品、饮料，或任何神奇的能量石、器具、机器、磁场……甚至抽脂、手术，都不是我要推荐给你降低体脂的方法，因为只要你不是透过自己的身体运动而达到的降体脂，都不可能因此让你的整体体能变好，更不可能把身体从根基上改变起来，不可能让代谢、免疫、循环系统一起增强。

当然，也不可能有一步登天的神奇运动可以让你在短短几天内

就可以明显看到减体脂的成效。这需要循序渐进、持续一段时间，就像学习开车一样，你得要一步一步来，渐渐熟悉，别以为今天卯起劲儿来猛练明天就会有令人惊喜的成果，有时候一次运动过度，会造成身体的过度疲劳，反而形成身体的压力，降低了身体的代谢效率。所以，每天运动一小时，比一天运动三小时然后三天不运动要好。

5 提升肌肉量，燃脂更有力

你知道自己身体的“耗油引擎”是多少毫升数吗？就像汽车一样，3000毫升汽车的耗油量就会比2000毫升的汽车耗油量大。你的“耗油引擎”毫升数越大，你的燃脂能力就越强，不管你是静止不动或剧烈运动，只要你的“耗油引擎”毫升数越大，你就越容易把吃进身体的热量消耗掉。

我说的“耗油引擎”就是身体的肌肉，肌肉量越大代表着身体能够消耗的热量就越多，因为我们的身体除了内脏和大脑的运作需要热量外，大多数的热量都是经由肌肉代谢掉的，所以肌肉的多少决定了身体可以代谢热量的多少。这就是我们在做身体组成分析时常听到的“基础代谢率”（Basal Mctabolic Rate，BMR）。

“基础代谢率”，是指一个人在静卧时，每小时每一平方米的身体表面所能代谢（消耗）的最低热量。通常是用一个人在被检测时一小时内所能消耗的氧气来做评估。而身体耗氧越多也就代表身体能代谢的热量越多，一般而言，除了疾病外，基础代谢率越高的人，就代表着其越高的肌肉量，也就是“燃油引擎”毫升数越高。

所以，如果你希望你的瘦肚子计划要有效率，除了要消耗身上多余的脂肪外，同时还要增加身体的肌肉量，这样不只可以让你的身型更健康，同时也会让你每一次运动后的消脂更有效率。

6 瘦肚子，要有纪律

没有纪律，就像洪水肆虐到处蔓延，危害民众，唯有纪律限制了水，加固了河岸有了河道，这才会让水流动，成为大江大河。同样的道理，没有纪律来限制自己，是无法瘦肚子的。纪律就像红绿灯一样，这样的限制为的是不要让自己发生危险。而瘦肚子纪律就是：持续做对的事。

7 瘦肚子从基础开始，别好高骛远

没有仙丹可以让你在一夜之间就瘦肚子成功，一切要从基础做起、按部就班、循序渐进、持之以恒才会成功。

现代人讲求速效，总期待今天做明天就看得到效果。瘦肚子跟生小孩不一样，它不是把身上集中在一起的一块肉给取出来，而是要把分布在肚子、全身表皮与身体里面，甚至内脏、血液里多余的油脂给“代谢”出来，这样的瘦肚子才健康、才长久。所以，要一步一步来，没有特效药，更不可能一针见效，有些疾病可能无法根治，但是瘦肚子却有可能根治而不复胖。关键要从心态、运动、保养、营养四个方面做起，不可以急也不可以停。

8 瘦肚子是和自己比，不是和别人比

不要羡慕别人的肚子，你是要瘦自己的肚子，只需跟自己比。

请把所有的关注点都放在自己的身上，不管你现在的肚子有多大，只要你持续做对的事，你的肚子就会一天天消瘦，你也会一天天健康，总有一天就会达到你要的目标。偶尔欣赏别人的好身材来砥砺自己可以，但不要因为自己还没有像别人一样拥有好身材而泄气，毕竟瘦肚子不是跟别人竞赛，而是要看到自己一步一步地进步，所以只要自己有进步，不管是身体感觉更健康、更轻盈或是自己觉得肚子小了、裤子变宽松了，都要给自己鼓劲打气，哪怕是一点点的小小进步，都值得你庆祝。

影响瘦肚子的三个指数

衡量自己的肚子胖不胖，不能只看“体重”，以下三个一定要知道的身体密码，可以帮助你检测现阶段的身体状况，以及设定理想目标的参考值。

1 BMI值：从身高体重比看出胖瘦

身高体重指数（Body Mass Index, BMI），是检验你的体重是否过轻或过重的一个基本指数，这一指数的公式很简单：

$$\text{BMI} = \frac{\text{体重（Kg）}}{\text{身高米的平方（}M^2\text{）}}$$

举例来说，如果你的身高是170厘米（即：1.7m），体重是65公斤（kg），那么你的BMI就是65(kg) /1.7^2(m^2)＝22.5。

※有关机构给大众的建议是：成年人的BMI落在18.5～24之间就是健康体重

通常成年人的身高不太会变，所以你可以用自己身高的平方，来换算自己的健康体重的范围，像我身高178厘米，身高米的平方就是$(1.78)^2$＝3.17，所以我的健康体重范围就是18.5×3.17＝58.6公斤和24×3.17＝76公斤之间。

※我个人对健康BMI的建议则是：20～24

2 体脂肪率：为曲线与健康把关

体脂肪率（Body Fat Percentage），是检验你的身体中的脂肪（油）是否过多的一个指标，只要体脂肪率过高就代表身体中里里外外，包括外观的“肥肉”、血液中的油脂和体内器官的油脂过多，这不只是身体外观上的问题，更可能是我们健康的一大隐忧，所以控制好体脂肪率是维护健康的重要指标。

※一般而言，男生体脂肪率超过25%，女生体脂肪率超过30%就是“肥胖”

※但是在我的健康建议中：

一般没有运动习惯的人的体脂肪率，男生最好不要超过20%、女生不要超过28%。有运动习惯的人的体脂肪率，男生最好不要超过18%，女生不要超过25%

3 腰围：肚子大不大攸关健康

腰围，是一个最直接的数字，可以反映出我们的肚子的大小与健康的关系。若是腰围超过标准值，就表示内脏囤积了过多的脂肪，容易被肥胖、糖尿病、心血管疾病等慢性病找上门，不可不留意。

※一般而言，男生的腰围要低于90厘米，女生的腰围要低于80厘米。

※我的健康标准则是，男生的腰围要低于85厘米，女生的腰围要低于75厘米

第二部分 瘦腹力的正确运动

要瘦肚子，做什么运动才有效？要做正确的运动。

我所谓的正确运动，不是指某些动作，而是指一组运动。“一组运动”的理念是：先把身体的架构调整好，然后是强化身体内部的稳定力量，再来才是增加燃脂的肌肉量，最后把多余的油脂去掉。让身体看起来健康匀称，而不是只有“瘦”。

让身体看起来健康匀称

瘦腹力该怎么训练？

我所设计的一组 8 个运动项目（见下图），从基础、进阶到精进，每个人都可以依据自己的需求，选择适合的训练方式。在本书最后附有3种不同强度及需求的6周训练课表，分为：一般课表、积极课表、高标课表。建议你可以先评估自己的运动习惯及训练目的，再挑选适合的课表，循序渐进，依照课表建议开展各项运动，你一定会看见自己的进步，重拾健康，更有型！

瘦腹力的正确运动顺序、强度与适合对象

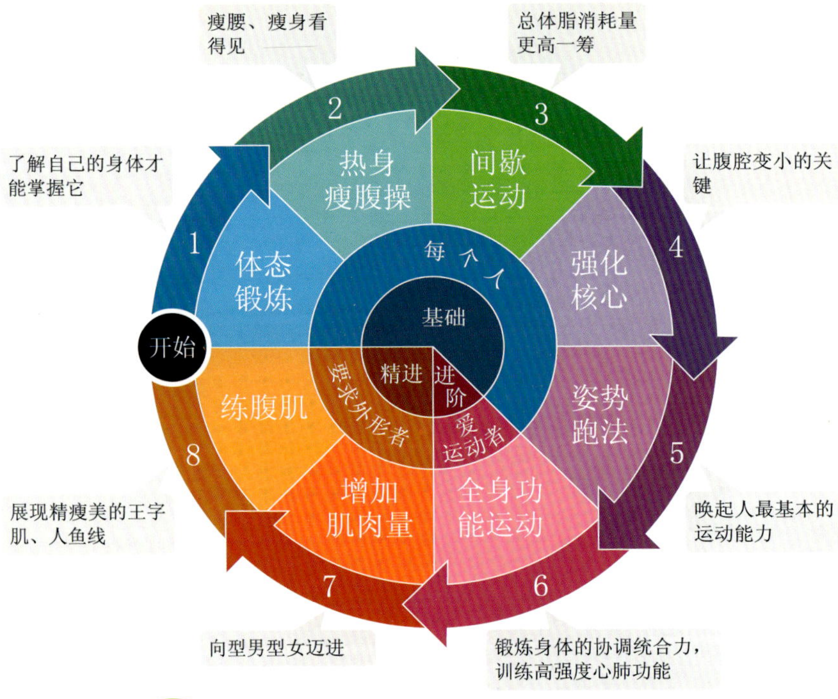

1 基础

体态锻炼

体态锻炼是瘦腹力的基础！

在体态锻炼动作的部分，要尽可能地把体态动作做到百分百的标准，因为那是所有运动的基础，基础不好就像盖房子的地基没打好一样，楼盖越高越危险。而且，不管你的运动能力多强，或你已经多么熟悉书中教的所有动作，建议你每天都要练习体态动作、观察自己的体态。

人的身体状况天天在变，有可能因为前一夜的睡姿就影响了你一天的体态，所以别以为昨日正确的体态就一定会延续到今天。每天早晚花几分钟时间，在镜子前面好好认真地调整自己的体态，仔细观察自己在做动作时身体各部分的关节是否顺畅，你会因此更了解自己的身体，也更能掌握其他更复杂的运动。

01 侧移站姿

训练体态

无需工具

左右换边练习

想象有一条钢丝从头顶正上方，将你的颈椎、胸椎、腰椎向上垂直拉起

1

双脚并拢，双眼平视，想象一条钢丝从头顶将身体向上拉，肚脐往内收，腰杆挺直，抬头挺胸，将肩胛骨往下、往后轻松放下，双手抱拳放在胸前，不可以耸肩

2

左脚向左横跨一步，与肩同宽，稳定后，收回左脚，然后右脚向右横跨一步，与肩同宽，稳定后，再收回右脚

正面看：收下颚，双肩同高，膝盖与脚尖朝向正前方

侧看：耳、肩、臀、膝，踝在同一条直线上。侧跨步时，躯干挺直，保持稳定

重心：平均分摊到双脚足弓的位置

教练小叮咛

常见问题 肩膀前倾，胸椎屈曲，因为我们的坐式生活，身体习惯肩膀前倾且弯腰驼背的姿势。在移动时，躯干容易晃动，表示腹部核心的稳定力量不足。

● 男人注意：养成习惯腹部紧缩，腰椎挺直，脊柱向上延伸。

● 女人注意：肩膀往后、往下放，将胸廓打开。

02 分腿1/4蹲姿

训练体态

无需工具

左右换边各维持6秒

1

从站姿开始，双脚张开与肩同宽，肚脐往内收，抬头挺胸，固定腰椎，使背部维持与站立时一样的平，臀部往下、往后坐

重心：当双脚平行时，身体重量平均地落在双臀，重心落在双脚的足弓位置

2

双手抱拳放在胸前，将左脚向前跨一小步，70%的体重落在前臀，后脚踮脚尖，维持6秒，收回左脚，然后右脚向前跨一小步，70%的体重落在前臀，后脚踮脚尖，维持6秒，再收回右脚

重心：70%的体重落在前臀，重心偏在前脚足弓的位置。这样的姿势，可以让身体保持最好的稳定性，同时兼具运动的机动性

躯干要保持稳定，左右肩要保持上下左右平衡，不可以耸肩

前脚膝盖在脚踝与脚趾之间的上方，双脚脚尖与膝盖朝正前方

教练小叮咛

常见问题 左右脚的不对称，不同脚在前时臀部用力不同，尽量让左右臀能有一样的用力感觉。

- 男人注意：养成习惯腹部紧缩，腰椎、胸椎要挺直维持一样的排列。
- 女人注意：当臀部往下、往后坐时，或一脚跨步向前时，臀部要一直主控身体的重心移动，切勿将主要力量转移至大腿。

03 分腿半蹲

训练体态

无需工具

左右换边各维持6秒

1

从站姿开始，将左脚向前跨一大步，驱动前臀使身体垂直下沉，让前后脚膝盖约呈90度，躯干要维持挺直，肚脐往内缩，抬头挺胸，维持6秒

2

然后再驱动前臂将身体向上推起，使双脚伸直，收回左脚换右侧跨出，做一样的动作

教练小叮咛

常见问题 左右脚的不对称，不同脚在前时臀部用力不同，尽量让左右臀能有一样的用力感觉。

- 男人注意：养成习惯腹部紧缩，腰椎挺直，脊柱向上延伸，身体下沉时躯干不可以前倾。
- 女人注意：身体下沉时，肩胛骨要维持往后、往下放的位置，切记不要往前“含胸”。

2 基础

热身瘦腹操

启动身体的燃脂引擎

“有些人的热身可能就是另一些人的训练！”

没错！如果运动的主要目的是瘦腰或瘦身的话，你只要每天花30分钟做以下改编自专业运动选手热身操的“瘦腹操”，不只可以启动全身的燃脂引擎，还可以锻炼身体的稳定性和伸展能力。

多年以前，我在德国奥运会支援中心时，就见过他们的国家足球队做这组热身操，身手矫健的足球运动员们，在做完这组结合了肢体的稳定与伸展动作的热身操后，每个人都满身大汗，当下我就在想，如果可以把这一套热身操介绍给普通人的话，想必是一种绝佳的“瘦腹武器”。所以，虽然这是源自顶级运动员也在做的动作，但对普通人而言却是很好的瘦腹训练！

做了就会瘦的热身动作

热身瘦腹操分三个部分：一是提升心肺功能与促进血液循环；二是关节启动；三是动态伸展。虽然这是热身动作，其实同时也是很好的瘦腹操，如果你没有特定的运动习惯，那么你把体态锻炼好后，接着开始练好这组瘦腹操，相信你已经开始变瘦了。

A 提升心肺功能与促进血液循环

这部分的主要目的是让身体的血液能流向四肢，使接下来要用到的肌群可以先充满血液以提供肌肉所需要的养分与氧气，同

时提高身体的温度与运动神经的准备，使肌肉、关节、神经都一起活络起来。

时间约3～10分钟，可以选择的动作很多，只要可以让你的心跳加速，让自己身体微微出汗就可以，例如：快走或慢跑约10分钟，跳绳或原地跳约3～5分钟等。

B 关节启动

这部分的主要目的是启动肩关节和髋关节的相关肌群，使关节的活动变得更灵活，这样可以避免一些不必要的运动伤害，同时让等一下要做的动作变得比较容易做到位。

动作示范请见：04下半身——髋关节的启动、05上半身——肩关节的启动

C 动态伸展操

这是运动的主要部分，透过以下四种不同的全身性动态伸展动作，不但可以达到使肌肉伸展的效果，在做这些伸展操的

同时，也能强化身体核心的力量，锻炼脊椎、髋关节、肩关节的稳定力量。

动作示范请见：06大跨步旋转、07后跨步旋转、08侧跨蹲、09手走路

04 下半身——髋关节的启动

启动关节

无需工具

每个动作做12次

1

运动蹲姿：双脚打开与肩同宽，挺胸缩腹，肩胛骨往后、往下放，双手抱拳放在胸前。臀部往下、往后坐，像坐椅子一样，膝盖弯曲放轻松，位于脚拇趾的正上方，形成“运动蹲姿”，再起身。上下重复12次

2

单脚外旋：维持运动蹲姿，以右腿髋关节用力，将右膝往外旋至你可以达到的最大角度，再稳定地慢慢回到原准备动作，重复12次。换左髋与左膝动作，重复12次

3 **双脚外旋：** 维持运动蹲姿，左右腿髋关节同时用力，将左右膝往外旋至你可以达到的最大角度，再稳定将左右膝同时慢慢地回到原准备动作，重复12次

教练小叮咛

在做所有动作的过程中，上半身都要抬头挺胸，维持稳定。且左右髋关节在动作时，脚尖都要朝前保持稳定，并不随之朝外移动。

05 上半身——肩关节的启动

启动关节

无需工具

每个动作做10次

1

肩关节内旋：站姿准备动作，即双脚打开与肩同宽，挺胸缩腹，双手握拳置于身体两侧，向外打开。接着，手肘弯曲90度并夹紧肋骨，以上手臂为轴向内旋转，再回到起始点，动作重复10次

2

肩关节外旋：回到站姿准备动作，手肘弯曲90度并夹紧肋骨，以上手臂为轴向外旋转，再回到起始点，重复动作10次

3

Y字形：回到站姿准备动作，双手握拳，拇指朝前，先启动肩胛骨往脊椎的方向滑动，双手会随着肩胛骨往内收，而自然略微向外。接着，双手伸直往上，呈Y字形，停顿2秒，再回到起始点，动作重复10次

4

T字形：回到站姿准备动作，双手握拳，拇指朝前，肩胛骨先往背后收紧，双手自然往外伸直打开，形成扩胸动作，呈T字形，停顿2秒，再回到起始点，动作重复10次

5

W字形： 回到站姿准备动作，双手握拳，拇指朝前，双手向上弯曲90度，接着手肘往背后夹紧，形成扩胸动作，呈W字形，停顿2秒，再回到起始点，动作重复10次

手肘往背后使力夹紧

6

L字形：回到站姿准备动作，双手握拳，拇指朝前，启动肩膀往背后收紧，双手平举至身体两侧，手肘呈90度，形成ㄇ字形。以手肘为轴心，将前臂向上旋转至极限角度，停顿2秒，然后将前臂向下旋转至极限角度，停顿2秒，再回到起始动作重复10次

教练小叮咛

依照Y、T、W、L的顺序来运动，同一个字母重复数次后，再换下一个字母，以加强启动肩胛稳定肌群，再到转肩肌群。所有动作过程，要由肩胛骨（肩膀）来启动整个手部动作，且双手手掌皆保持竖起大拇指、微握拳头。

06 大跨步旋转

动态伸展操

无需工具

每个动作维持2秒×2组

1

站姿准备动作，双脚打开与肩同宽，挺胸缩腹。接着以双手抱住右膝，用力使右膝接近右胸，维持2秒

2

右脚向前跨一大步，使身体下沉，双手同时着地在右脚的左侧。抬头挺胸缩小腹，将背打平，左脚拉直，维持2秒

双手与肩同宽，并置于前脚同侧

3

将右手肘碰触右脚踝，维持2秒，右手再向身体左后方延伸，维持2秒

4

张开身体，右手伸直向左旋转到自己的极限，维持2秒。接着，双手回到脚两侧，再起身回到站姿，换左边动作。右左脚各完成1次为1组，共做2组

教练小叮咛

在做所有动作的过程中，都要保持正常呼吸，不要憋气。

07 后跨步旋转

动态伸展操

无需工具

每个动作维持2秒×2组

1

站姿准备动作，即双脚打开与肩同宽，挺胸缩腹。弯曲左脚，左手向后抓住左脚踝压向左臀，同时右手伸直向天空方向延伸，维持2秒

2

左脚往后跨一步，换左手伸直向天空方向延伸，将身体垂直下沉，使双膝接近90度，维持2秒。接着，水平伸直右手与肩同高，掌心朝上，转动身体向右后方旋转到自己的极限，维持2秒。再起身回到站姿，换左边动作。左右脚各完成1次为1组，共做2组

08 侧跨蹲

动态伸展操

无需工具

动作维持2秒×6组

1

站姿，双手抱拳至于胸前，抬头挺胸，保持身体挺直。右脚向右侧横跨一大步，左脚挺直，臀部往下、往后坐，使左腿内侧有明显被伸展的感觉，维持2秒。左右脚各完成一次为1组，共做6组

09 手走路

动态伸展操

无需工具

每个动作维持2秒×3次

1

挺胸缩腹的站姿，使身体弯曲让双手触地，双脚挺直，维持2秒。接着，双脚固定不动，左右手交替向前"走动"，使身体尽量与地面保持水平，达到自己的极限，维持2秒

双脚保持挺直

2

双手固定不动，双脚膝盖挺直，改用脚踝向前走动，使双脚越接近双手越好，达到自己的极限，双脚用力挺直，维持2秒。以上动作做3次

感觉到腿后侧肌群被强力伸展

教练小叮咛

在做所有动作的过程中，身体要保持最少晃动，维持正常呼吸，不憋气。

3 基础

间歇运动

甩油效果一级棒

为什么有人持续性运动，甚至每周花两三个小时在跳有氧舞蹈、游泳、跑步等，体重却不见减轻？如果你运动的目的，是想要燃脂减重，让身体更轻盈，我建议你要做间歇运动，而不要日复一日只做长时间、等速或差不多强度的有氧运动。

为何我建议间歇运动，不是有氧运动？因为虽然有氧运动燃烧体脂的比率是所有运动中最高的，但是总“体脂”消耗量，间歇运动却更高一筹！也就是说，可以在短时间内更有效率地燃烧卡路里。

然而一般人在进入间歇运动前，还是要有好的有氧运动与长距离慢跑的基础。

间歇运动让总体脂消耗量更高

有氧运动、长距离慢跑是间歇运动的基础

●间歇运动：将低强度与高强度混在一起运动就是间歇运动。例如，3分钟慢跑，边跑还可以边聊天，然后做30秒尽你80%～90%的最大努力快跑，再慢下来3分钟慢慢跑。

●有氧运动：一种可以充分运用身体吸进去的氧气的运动，一般而言就是你边运动还可以边聊天，大概就是有氧运动了。

●长距离慢跑：用你最舒服且缓慢的速度跑，不要求快，但跑步的距离要够长。至于“距离要够长”是多长？则因人而异，只要你觉得身体没问题，可以继续跑，则跑越长越好，停止的时候大概是你觉得自己运动70%～90%的极限就可以了，然后再依个人能力，循序渐进，慢慢把距离拉长。

下图主要说明，间歇运动虽然是我极力推荐的运动方式，但是在间歇运动前，要先把两个基础做好，那就是“有氧运动”与“长距离慢跑”。

如果你想做30分钟的间歇运动，那你要先有能力做30分钟缓和的有氧运动，不管是快走、慢跑、跳舞、骑车、游泳……都可以，而这30分钟不会让你觉得很吃力。

然后再进阶到长距离慢跑，持续不停地慢跑30分钟以上，不管速度如何但尽量跑越远越好。这样的运动强度对你而言也变成很平常之后，就可以开始进行间歇运动了。

★运动顺序建议

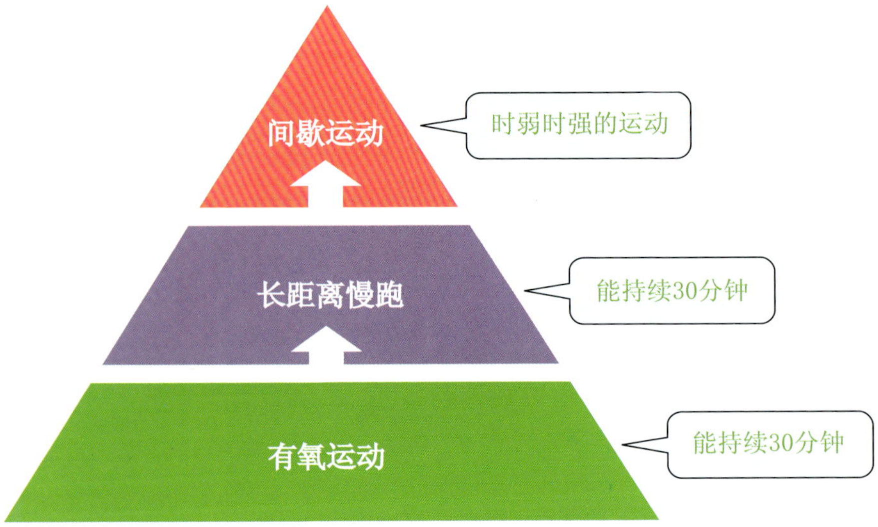

别只做有氧运动，间歇运动才更重要！

有氧运动是一个很好的运动，是一个低强度且容易做的运动，而且以它在运动时所消耗的热量来源而言，几乎可以100%燃烧体内的脂肪。对许多想减重或减体脂的人来说，是一个方便有效的好运动。所以，慢跑、骑自行车、游泳之类的运动就成了最受大家欢迎的运动。

但是，有氧运动也有它的缺点：

- 因为有氧运动属于低强度的运动，所以每单位时间内消耗的热量不会太高，如果要增加热量的消耗就要花比较长的时间。耗时是一个问题。

- 有些人因为要让总消耗的热量变大，每次都是长时间的有氧运动，结果产生了一种“压力荷尔蒙”（Cortisol），这种荷尔蒙反而会阻碍运动时热量的消耗，结果过长时间的有氧运动却有可能反而让体脂变高了。

- 如果长时间只做有氧运动，我们身体的肌肉与神经就会只习惯低强度的运动，那么肌肉量最多只能维持却无法变多，但肌肉量的多少却是身体燃烧热量的重要引擎，肌肉量越少，身体燃烧热量的速度就越慢，所以只做有氧运动的人，肌肉量较少，燃脂的总量当然也比较低了。

要改善这些有氧运动的缺点，却可以同时保持有氧运动燃烧体脂的优点，最佳的选择就是间歇运动。

让我稍微解释一下，热量消耗到底是怎么个消耗法，用一般的说法来讲就是，“到底我运动流汗所消耗的热量，是消耗身体里面的糖分？还是身体里面的油脂？”

认识气体交换率RER

在解释这个问题之前，首先我们得先来认识一下气体交换率（Respiration Exchange Ratio，RER），它是指在一个衡量运动时，我们身体消耗掉的氧气（O_2）和呼出来的二氧化碳（CO_2）的比率，简单地说就是用这个比率去看看，我们的身体在运动时到底用了多少氧气，又产生了多少二氧化碳？你可以想象成在运动时，氧气就像“助燃料”送进身体里被使用，经过和身体的一些糖分或脂肪的氧化作用产生热量和废气，这废气就是二氧化碳，若是氧气被用得越多则二氧化碳就会被排放得越多，也就代表运动越激烈。

经过运动科学家们的研究，从RER的数值可以观察出这些被身体使用的氧气，到底是百分之多少和身体的糖分作用产生热量和二氧化碳？又到底是百分之多少和身体的脂肪作用产生热量和二氧化碳？

答案是这样的，请看下表：

气体交换率RER	糖分（%）	脂肪（%）
0.71	0.0	100.0
0.75	15.6	84.4
0.80	33.4	66.6
0.85	50.7	49.3
0.90	67.5	32.5
0.95	84.0	16.0
1.00	100.0	0.0

- RER＝0.71时，就是一个人躺着休息时，身体燃烧热量的来源几乎100%来自于身体的脂肪，你一定很开心知道这件事吧！

- RER＝0.85时，大概是一个人最大心跳的65%左右，是很轻量的有氧运动强度，这样的运动强度我们还可以边动边和人聊天呢！我们身体的热量消耗来自于糖分与脂肪的比例几乎是1∶1。

- RER＝1.00时，大概是一个人最大心跳地85%左右，是属于有氧与无氧运动的临界值，会让你上气不接下气，而我们的热量消耗的来源几乎100%是身体的糖分。

由以上的说明，我相信你应该很清楚地知道，其实当我们休息时所用的热量来源100%是体内的脂肪，而运动强度越强时，也就是心跳率越高时，我们运动时燃烧体内脂肪的比率反而越少，但别忘了，身体总消耗的热量却也越来越高。

再请看下图，这是一个体重约68公斤的人，以不同强度骑自行车30分钟，身体所消耗的总热量与热量消耗来源的数字：

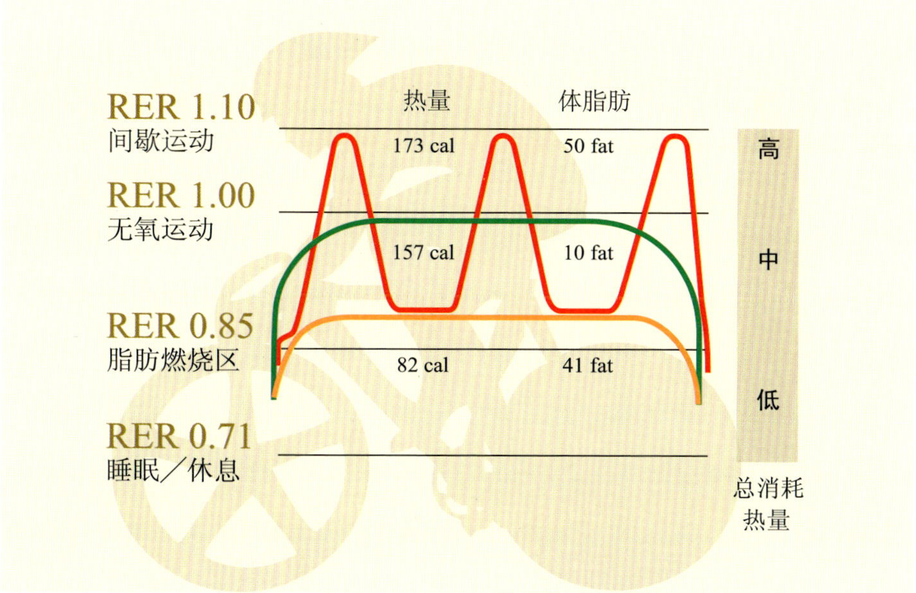

● 橘色的线代表这个人一直都用最大心跳的65%来骑车，总消耗热量为82千卡[①]，其中41千卡是燃烧体脂。

● 绿色的线代表这个人一直都用最大心跳的85%来骑车，总消耗热量为157千卡，其中只有10千卡是燃烧体脂。

● 红色的线代表这个人从最大心跳的65%到92%，最后回到最大心跳的65%的间歇运动来骑车，总消耗热量为173千卡，其中有50千卡是燃烧体脂。

所以，要修正有氧运动热量消耗较慢且耗时的缺点，同时兼顾刺激运动神经与增加肌肉量最好的方法就是间歇运动。因为在同一个时间段内，间歇运动不只在总消耗热量上超过有氧运动，连燃烧体脂的量也超过有氧运动，因为间歇运动综合了高强度的运动可以刺激肌肉的增长，也兼顾了低强度运动让身体做短暂的休息，让运动本身更有变化且更有趣。

①1千卡=4.1868千焦，1卡=4.1868焦耳，1千卡=1000卡。

4 基础

强化核心

让腹腔变小的关键！

我常常在健身房被问到的问题是：请问肚子要怎么练才可以变瘦？

我的回答是：先把你的肚脐往脊椎缩，然后你会马上发现肚子变小了！

所以，想瘦肚子，就先把肚子里多余的空间挤出来吧！把腹腔变小，其中最重要的就是加强腹部核心的力量，也就是让我们的身体可以自由控制腹腔的稳定力量，学会腹部收放自如的能力。同时，强化腹腔的肌群也可以让骨盆更稳定，在进行髋关节、膝关节、踝关节等下肢运动时，提供稳定的基础。

以下的训练动作就是要让你养成紧收腹部以稳定躯干的好习惯。

10 三点搭桥

- 预先强化
- 无需工具
- 每个动作维持10秒×3次

1

将身体趴下，下半身平贴地面，双手微握拳头，手肘顶地置于肩关节的正下方，将上半身撑离地面，双脚伸直，脚尖顶地。紧缩腹部，让肚脐尽量接近脊椎，手肘更用力顶地将全身撑离地面，使全身伸直与地面呈水平状态，维持10秒

2

将右手伸直，维持10秒，收回右手，换左手伸直，维持10秒

3 收回左手，将左脚抬高，维持10秒，放回左脚，将右脚抬高，维持10秒。以上动作完成后，休息30～60秒后，再做同样动作，共做3次

教练小叮咛

在做所有动作的过程中，紧锁腹部的力量，腰椎不可以太过凹陷或过度弯曲。

11 侧搭桥

预先强化

无需工具

动作维持30～60秒×3组

1

将身体侧躺，侧下半身平贴地面，上侧手叉腰，下侧手肘顶地、置于肩关节的正下方，将上半身撑离地面，双脚伸直勾脚尖，使耳朵、肩、髋、膝、踝呈一直线

2

紧缩腹部，让肚脐尽量接近脊椎，手肘用力顶地，将身体侧向撑离地面，上侧手伸直，手指尖朝向天空方向，使全身伸直与地面斜靠。以上动作维持30～60秒。休息30～60秒后，换另一侧做同样动作。左右两侧都做完算1组，共做3组

紧锁腹部力量，同时紧缩臀部，挺胸，另一侧手肘往下顶地

教练小叮咛

在做所有动作的过程中，侧腰椎不可以太过凹陷或过度弯曲，同时保持挺胸。

12 臀搭桥

预先强化

无需工具

动作维持30～60秒×3次

1

将身体仰卧，双膝弯曲呈90度，脚跟顶地，双手掌心朝上置于身体两侧。紧缩腹部，让肚脐尽量接近脊椎，臀部用力将脚跟顶地，使整个身体撑离地面，全身伸直与地面斜靠。以上动作维持30～60秒。休息30～60秒后，再做同样动作，共做3次

用臀部来启动，不可以用挺腰的力量来取代

强化版

强化式臀搭桥

将以上的动作加上髋内收与外展。

●髋内收：找一个重约1～2千克的健身球置于双膝之间夹紧，再将臀部向上推，做一样的动作。

●**髋外展：**找一条小弹力圈套在双膝之上，用力撑开到与肩同宽，然后做一样的动作。

13 四足跪姿转体

预先强化

无需工具

做连续动作12次×3组

1

身体呈四足跪姿，手掌置于肩关节正下方，髋关节呈90度，勾脚尖顶地。举起右手置于脑后

2

紧缩腹部，启动腰椎将身体向下旋转至极限，右手臂随着身体朝下，维持2秒。再启动腰椎将身体向上旋转张开至极限，右手臂随着身体朝上，维持2秒。以上动作连续做12次，休息30～60秒，换手再做12次，这样为1组，共做3组

教练小叮咛

在身体旋转时，要以腹部力量启动，先转动腰椎，接着才是胸椎。

5 基础

姿势跑法

唤起我们最基本的运动能力

跑步是人最基本的运动能力，我们的祖先人人都会跑步，而且都可以跑很久、跑很远，也可以跑得很快。但现代人却因为生活越来越优渥，反而越来越不健康，连跑步这样的基本运动能力都渐渐失去了，所以现在开始有人为推广跑步，举办很多路跑的活动，也开始有人专门研究跑步的方法。我想在此介绍其中一种跑步的方法，叫作“姿势跑法”（Pose Method Running），它符合我想推广的核心运动的概念，同时强调以身体的功能借助地心引力来提升跑步的效率。

我简单地将这个跑法的基本原则介绍给大家，如果你有兴趣，可以参考《跑步，该怎么跑？》（《Pose Method Running》）一书，作者是尼可拉斯·罗曼诺夫博士（Nicholas Romanov, Ph.D.）。

14 姿势跑法

原则1 姿势POSE

强调跑步时，以前脚掌着地，当身体接触地面时，身体的重心要落在前脚掌的正上方，而身体的重心刚好也就是在身体的核心位置，也就是腹腔与髋关节之间的范围。

这样的跑步姿势，需要躯干有很好的稳定力量，所以需要将腹部锁稳，这力量的使用就像前一章节介绍的“强化核心”一样的感觉。使身体像一个扎实且稳定有韧性的汽车骨架一样，在跑动的过程中要一直维持在不乱晃动的状况下前进

原则2 前倾FALL

当前脚掌着地时，将身体着地的冲击力很快地转移至臀部吸收，然后将身体前倾，把重心移往前面，借由地心引力的作用，让身体产生向前的加速度，这样身体的前进就不需要使用身体本身太多的向前力量，我们只需把身体推高，身体自动就会向前进，这是一种非常省力的前进方法

身体微向前倾，准备跨出下一步

原则3 上拉PULL

当前脚掌着地后，直接将脚跟往上拉起，让脚在身体前后摆动的幅度最小，这样可以帮助身体的重心即使在跑动的过程中，依然维持在核心的位置，不致晃动过大，使身体的移动更有效率。

你只要把以上三个原侧掌握好，多多练习，就会发现自己越跑越轻松，也可以越跑越久、越跑越远

借用地面的反作用力与肌肉的弹力把脚向上拉，再由重力自然地将脚向下落

6 进阶

全身功能运动

让身体更敏捷更有爆发力

在这里要介绍的全身性运动，需要有好的体态、对的用力方式与稳定的核心为基础，再来做这些动作会比较好，而这些基础也就是我在前面几个段落所强调的内容，希望你不是想跳过那些基础，而直接想做这些“较高难度”的运动。

这些全身性功能运动，也就是“弹性运动”（Elasticity）的训练，透过先拉长肌肉以储存能量（弹性能），再收缩肌肉以释放弹性能的能力，让身体的运动更具敏捷性、稳定性与爆发力。虽然这样的训练，可以锻炼全身功能的协调统合，其实也是训练高强度心肺功能（无氧）很好的动作。

15 蹲跳

弹性运动

无需工具

做6～12次

1

以运动蹲姿做准备动作，即双脚打开与肩同宽，挺胸缩腹，肩胛骨往下、往后放，将双手伸直置于身体两侧，同时将身体下沉，臀部往下、往后坐

2

当膝与髋的高度快要接近时，瞬间将身体弹高，同时双手向天空方向用力延伸，着地时很快将身体的落地冲击力转移至臀部吸收，双手再度伸直至于身体两侧，髋部再往下蹲，使膝与髋又要接近同一高度时，瞬间再将身体弹高，同时双手再向天空用力延伸。重复以上动作连续跳6～12次

教练小叮咛

着地时，用髋关节（臀部）来缓冲着地的力量，不要以膝盖来支撑。

16 分腿蹲跳

弹性运动

无需工具

做6～12次

1

分腿蹲姿，即一脚在前、一脚在后的弓箭步，将双手伸直置于身体两侧，同时再将身体下沉

2

当膝与髋的高度快要接近时，瞬间将身体弹高，同时双手向天空方向用力延伸，前后脚交换，着地时很快将身体的落地冲击力转移至臀部吸收，双手再度伸直置于身体两侧，髋部再向下蹲，使膝与髋又要接近同一高度时，瞬间再将身体弹高，同时双手再向天空用力延伸。重复以上动作连续跳6～12次

空中交换左右脚

着地后姿势

17 旋转蹲跳

弹性运动

无需工具

做3～6组

1

与动作15“蹲跳”相同，但当瞬间将身体弹高时，在空中将身体向左旋转90度，着地后，再弹起时，在空中将身体向右旋转90度。左右各旋转一次为1组，共做3～6组

18 单脚蹲立

弹性运动

无需工具

左右各做6～12次

1

站姿准备动作，两脚打开与肩同宽，双手抱拳至于胸前，将左脚脚尖抬离地面约10厘米

将一脚脚尖抬离地面约10厘米

2

锁紧腹部，弯曲右髋关节，臀部往下、往后坐，将身体下沉约15～20厘米，维持2秒。接着，臀部用力将身体推高挺直。右脚蹲立6～12次，换左脚6～12次

维持2秒

19 健身球旋转推举

弹性运动

健身球

做6～12次

1

选一适当重量的健身球，双手抓紧健身球置于胸前，做运动蹲姿，即双脚打开与肩同宽，挺胸缩腹，同时身体下沉，臀部往下、往后坐

2

锁紧腹部，将身体向上跳一小步

3

着地瞬间臀腿用力往地下推蹬，同时将健身球往右斜上方推到最高。再回到运动蹲姿，同样动作往左斜上方推再做1次。左右两侧各做1下为1次，做6～12次

20 波比跳

弹性运动

无需工具

做6～12次

1

做伏地挺身准备动作，双手置于地面略宽于双肩，手掌置于肩膀正下方，锁紧腹部将身体挺直，双脚打直张开与肩同宽，以前脚掌着地

身体与腿成一直线

2

快速弯曲髋与膝，把脚收回，使膝盖接近胸口，踮脚尖

3

启动臀部的力量猛力向上跳，同时将双手伸直，接近双耳往上延伸。着地时，回复成运动蹲姿。连续跳6～12次

向上猛跳，且双手向天空方向延伸

7 精进

增加肌肉量

燃脂不打烊，身体更灵活

如果你已经可以把以上1～20的动作做正确了，接下来建议你可以开始增加身体的“耗油引擎”毫升数了，透过适当的重量训练，你的肌肉会壮大，当你的全身肌肉量提升之后，你做任何的运动都可以让你事半功倍，除了可以让身体更扎实有力，还能提升热量的消耗率，不只可以瘦腹，更可以向型男、型女迈进。

但是，肌肉不是大就好，还要有力量、稳定性及弹性，在日常生活和运动中会有更好的表现。因此将每个动作做好、做对，而不是追求可以负荷比较重的重量，因为锻炼肌肉不是分块锻炼，而是要兼顾全身力量与协调作用，让训练变得有效率，身体也会更灵巧。

21 哑铃蹲站

- 下半身推
- 哑铃
- 做6～12次×3组

1

双手握适当重量的哑铃，置于身体两侧。紧缩腹部，运用臀部力量，将臀部往后、往下坐

臀部与大腿前侧会感觉到酸

2

在往下蹲的过程中，当臀部高度接近膝盖时，用臀部的力量将身体往上推。重复动作6～12次为1组，共做3组，每组间隔休息2分钟

教练小叮咛

常见问题 虽然是针对下半身的训练，但躯干的稳定性很重要，且应以髋关节为主要支撑点。

- 男人注意：力量的使用从臀部发力，然后才是大腿。有时候男生太在意要推得重，反而没有注意到用力的正确顺序。
- 女人注意：要保持躯干的挺直与稳定，常见女生会把腰挺得过多，反而使腰椎的压力变大，骨盆过度前倾。

22 罗马尼亚硬举

下半身拉

哑铃

做6～12次×3组

1

双脚与肩同宽，双手握适当重量的哑铃置于小腿前侧，以臀部为支点，膝盖微弯，腹部紧缩，身体前倾，膝盖维持在脚踝的正上方，同时保持背部与腰部呈一平面

2

启动臀部将身体挺直，维持2秒。膝盖维持在脚踝的正上方，同时保持背部与腰部呈一平面的前提下，慢慢将身体前倾至开始的动作。重复动作6～12次为1组，共做3组，每组间隔休息2分钟

教练小叮咛

常见问题 如果在做动作过程中，发现膝盖不舒服或大腿前侧很酸，表示你做错了，动作要调整。

- **男人注意：** 在做动作的过程中一定要在坚韧且稳定的腰椎基础下完成，不可以因为重量的增加而让腰椎过曲（拱背）或过伸（凹背）。
- **女人注意：** 这项动作最主要是训练臀部与腿后侧肌群的用力，所以要维持膝盖稳定在脚踝上方，不可以有过大角度的移动，否则反而会练到大腿前侧的力量。

23 伏地挺身

上半身水平推

无需工具

做8～20次×3组

1

将双手置于略宽于双肩的下方，踮脚尖，将腹部紧缩，双手用力将身体挺起

2

在维持全身呈一平面的前提下，启动肩关节将身体慢慢放下贴近地面。当身体最接近地面时，维持2秒，然后腹部紧缩，双手用力再将身体挺起。重复动作8～20次为1组，共做3组，每组间隔休息2分钟

教练小叮咛

常见问题 腹部力量没有锁紧，过度曲腰，身体与腿呈一直线才正确。

- 男人注意：不要一味地追求次数，完整做好每一个动作20下，比做快50下还有效。
- 女人注意：因为有些女生力气不够大，可能不易在躯干稳定的前提下完成动作，建议可以用跪膝的方式或将手撑在长椅上做，以降低它的难度。

NG!

轻松版：

24 哑铃双手蹲姿水平拉

上半身拉

哑铃

做8～20次×3组

1

脚与肩同宽，双手握适当重量的哑铃置于小腿前侧，以臀部为支点，膝盖微弯，腹部紧缩，身体前倾，膝盖维持在脚拇趾的正上方，同时保持背部与腰部呈一平面

2 启动肩关节向上拉，使肩膀与上手臂成一水平，手肘呈90度。再慢慢将哑铃放下回到开始的动作。重复动作8～20次为1组，共做3组，每组间隔休息2分钟

教练小叮咛

- 男人注意：在做动作的过程中，不可以选择太重的哑铃，反而让腰椎过度弯曲（拱背）或过度伸张（凹背），容易造成对脊椎的伤害。
- 女人注意：力气比较小的女生可以用弹力绳代替哑铃，渐渐习惯后再改用哑铃。

25 哑铃站姿上推

上半身垂直推

哑铃

做8～20次×3组

1

双脚与肩同宽，双手握适当重量的哑铃，向上举置于耳朵两侧，手肘约呈90度

2

腹部紧缩，双手用力将哑铃推至最高，使双手贴近耳朵。再慢慢将哑铃放下回到开始的动作。重复动作8～20次为1组，共做3组，每组间隔休息2分钟

教练小叮咛

- **男人注意**：在做动作的过程中，一定要在坚韧且稳定的腰椎基础下完成，不可以因为重量的增加而让腰椎过曲（拱背）或过伸（凹背），哑铃上推时如果躯干晃动过大，建议把哑铃重量减轻，把动作做标准后再渐渐加重。
- **女人注意**：除了和男生一样要稳定腰椎外，女生要特别注意膝盖要放轻松、不要过度锁死，否则容易伤膝盖，而且不易使用到臀部的力量。

26 弹力绳下拉

上半身垂直拉

弹力绳

做8～20次×3组

1

双脚与肩同宽，双手握弹力绳的两端并伸直手臂，以臀部为支点，膝盖微弯，腹部紧缩，身体前倾，膝盖维持在脚踝的正上方，同时保持背部与腰部呈一平面

2 启动肩膀将弹力绳往后拉，使手肘接近肋骨，慢慢将手臂伸直回到开始的动作。重复动作8～20次为1组，共做3组，每组间隔休息2分钟

在做动作的过程中，身体要保持稳定，以肩胛骨来拉动

教练小叮咛

- 男人注意：挺直腰椎，弹力绳下拉时要让肩胛骨先动，然后再带动手臂往后。
- 女人注意：在拉动弹力绳时，腰部要稳定，不要用腰的力量替代肩下拉的力量。

27 弯曲手臂

手臂训练

哑铃

做8～20次×3组

1

双脚与肩同宽，双手握适当重量的哑铃置于身体两侧

2

腹部紧缩，在身体稳定不动的前提下，弯曲手臂使哑铃越接近胸部越好，维持2秒。再慢慢将哑铃放下回到开始的动作。重复动作8～20次为1组，共做3组，每组间隔休息2分钟

28 伸直手臂

手臂训练

哑铃

做8～20次×3组

1

双脚与肩同宽，双手握适当重量的哑铃，手肘弯曲约90度，手肘置于肋骨两侧，以臀部为支点，膝盖微弯，腹部紧缩，身体前倾，膝盖维持在脚踝的正上方，同时保持背部与腰部呈一平面

手肘呈90度

2

腹部紧缩，在身体稳定不动的前提下，伸直手臂，维持2秒。再慢慢哑铃放下回到开始的动作。重复动作8～20次为1组，共做3组，每组间隔休息2分钟

29 手臂侧举

手臂训练

哑铃

做8～20次×3组

1

双脚与肩同宽，双手握适当重量的哑铃置于身体两侧

2

腹部收紧，稳定身体、肩膀，在肩膀稳定不动的前提下，将手肘向身体两侧拉高，使手肘接近胸口两侧的高度，维持2秒。再慢慢将哑铃放下回到开始的动作。重复动作8～20次为1组，共做3组，每组间隔休息2分钟

8 精进

练腹肌

打造精瘦美的王字肌、马甲线

有了前面所介绍的动作基础，如果你按部就班地持续训练，应该可以感觉到腹部变紧实了，身体更灵活有力，同时髋关节的活动、腿的移动能力也更好。现在你可以真正开始练肚子了，腹部外面的油脂不见了，里面的腹肌才会看得到。想要练出王字肌、马甲线，就从这里开始！

30 麦吉尔式仰卧起坐

预先强化

无需工具

做6～12次×3～4组

1

仰躺伸直左脚，右膝弯曲约呈90度，双脚勾脚尖，双手掌心朝下置于下背，使腰椎维持些许伸张，不平贴地板，目的在于减少腰椎的过度前屈会造成下背过多压力，手肘靠在地板上

一脚膝盖弯曲约90度

2

腹部紧缩，尽量维持下背挺直，然后用力将上半身抬起至最高，维持3～6秒，再放下身体，重复动作6～12次。接着换右脚伸直，左膝弯曲，重复同样动作6～12次。左右两侧都做完算1组，每组间隔休息30～60秒，做3～4组

31 V字形屈身

预先强化

无需工具

做6～12次×3～4组

1

将身体仰躺，双手双脚伸直，勾脚尖

2

腹部紧缩，手脚同时往身体中心接近，手脚接触，维持3～6秒，放下手脚。重复动作6～12次为1组，每组间隔休息30～60秒，做3～4组

32 海星式

预先强化

无需工具

做6～12次×3～4组

1

身体趴下，呈俯卧姿势，双手伸直与身体呈Y字形，双脚张开打直勾脚尖，使脚尖顶地

2

紧缩腹部，启动躯干，然后将双手双脚同时抬至最高，维持3～6秒，再放下手脚。重复动作6～12次为1组，每组间隔休息30～60秒，做3～4组

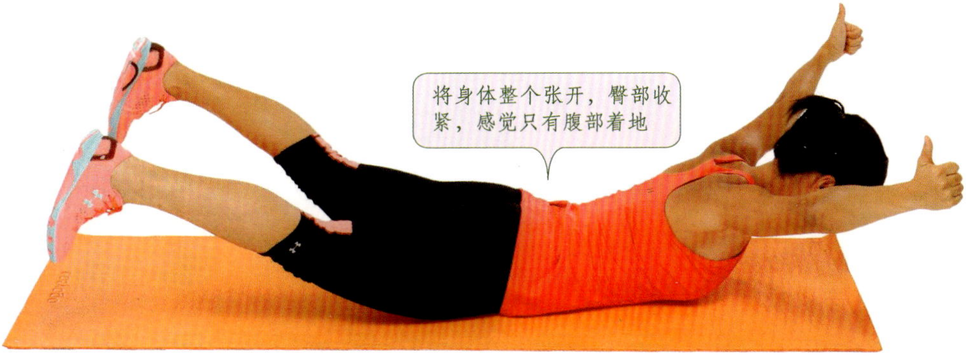

教练小叮咛

虽然动作是要把头及四肢挺向最高，但力量源头来自腹部、肩胛骨及髋关节。

33 仰卧抬腿

预先强化

无需工具

做6～12次×3～4组

1

身体仰躺，双脚并拢伸直，勾脚尖，双手向左右两侧张开，腹部紧缩，将脚抬起与身体呈90度，维持3～6秒，再放下双脚置于身体水平的位置。重复动作6～12次为1组，每组间隔休息30～60秒，做3～4组

Kenny教练的话

其实从运动健护来谈瘦肚子这件事情，我觉得更贴切主题，因为每一个人都知道肚子变大，基本上是腹部脂肪过多。但大家要先打破一个常见的迷思：肚子胖除了是油脂多以外，其实是躯干没有真的稳定好，也就是身体最重要的脊椎没有放在对的位置上去活动。

所以，我希望每一个人开始甩腹油之前，先重视脊椎的稳定，让瘦肚子的重点从只放在减脂，改成强化躯干核心来着手，先把腹腔往内缩，然后是髋关节与肩关节，都放在最稳定且适合的位置上。因此，在进行书中每个动作时，都要扎实、正确地做，比起只是做很快或做很多下都更重要！

当体态调整正确了，动作也做对了，由内而外，搭配减掉外面的油脂，会让我们的肌肉线条更好看，而且身体会更灵活，运动质量会更好，整个身形更有魅力。希望大家能够了解这一点，循序渐进地把自己的蛮腰练起来！

第三部分 瘦肚子的正确保养

想瘦肚子，光是勤练腹肌还不够！还要注重运动前后的保养与恢复。因为运动本身对“肌肉”也是一种破坏，也会让自己的生理状况变差，感到疲劳或酸痛。如果运动的目的是让身体变得更灵活、更健康，除了锻炼之外，运动的保养也非常重要，包括：运动前的热身与运动后的伸展、学习正确的自我按摩方法、养成规律且良好的生活作息、让心情真正放松休息。

透过这四种保养方式，让身体的肌肉、神经、循环、代谢……以及心理都能获得适当休息与恢复，让下次的运动表现会更好！

让下次的运动表现会更好！

保养 1

运动前的热身与运动后的伸展

“运动前热身”是保养的第一步，也是使自己在运动中不容易受伤、运动后不会酸痛的关键。如果身体在还没有完全做好准备的情况下就去运动，不管是养分的供给、肌肉收缩的准备或运动神经的提振，可能还不足以支持运动时的需要，身体就可能因此受伤，而保养身体最重要的一环就是“预防受伤”，所以运动前的热身准备肯定是你保养身体最重要的一环，否则身体受伤了，就不能运动了，还可能让你瘦肚子的成果毁于一旦。

“运动后伸展”则是保养的第二步，运动后的肌肉会变硬缩短，包在肌肉外面的肌筋膜也会变紧，基本上运动后整个身体是紧绷的，这些紧绷的肌肉不见得通过休息、睡眠就可以放松变回原来的长度，所以运动后的伸展就变得十分重要。毕竟缩短的肌肉不只会变得没力，同时也会限制关节的活动角度，让运动变得没有效率，还可能增加受伤的风险，甚至让身体越来越容易酸痛不舒服，如果运动后的结果是这样，恐怕你也会越来越不想运动，那岂不是与运动的目的背道而驰了？所以运动后一定要记得伸展，这是和运动本身一样重要的事情。

10个运动后的伸展动作

伸展动作		主要伸展部位
1 拜月式		下背与臀部
2 鱼式	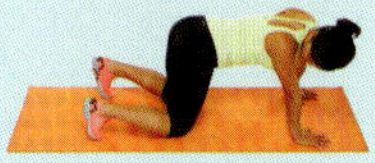	侧腰
3 驼式		胸椎与腰椎
4 眼镜蛇式		腹肌
5 盘腿式		腹肌
6 单脚坐式腿后伸展		大腿后侧
7 触耳转体		躯干旋转肌群，张开胸椎
8 屈肘侧伸展		上手臂与侧躯干
9 站姿大腿伸展		股四头肌
10 推墙		小腿

伸展 1 拜月式

● 伸展这里最有效：下背与臀部

● 动作次数：维持 20 ～ 30 秒 ×3 次

跪姿，让臀部尽量坐在脚后跟，然后将身体贴近大腿，双手贴近地面，尽可能向前延伸。到达自己的极限后，放松心情与肌肉，感受肌肉与身体渐渐伸展的感觉，持续20～30秒，休息20～30秒。做3次

伸展 2 鱼式

● 伸展这里最有效：侧腰

● 动作次数：维持 20 ～ 30 秒 × 左右各做 3 次

四足跪姿，将脊椎往一侧弯曲，让头与臀部接近，感受侧边肌肉渐渐伸张，脊椎渐渐被拉开，持续20～30秒，再换一侧弯曲、伸张持续20～30秒。每一侧做3次

伸展 3 驼式

● 伸展这里最有效：胸椎与腰椎

● 动作次数：维持 20 ～ 30 秒 × 上下各 3 次

四足跪姿，将脊椎往上拱起，让头与髋部接近，感受脊椎后侧肌肉渐渐地伸张，且脊椎渐渐地被张开，持续20～30秒。再将脊椎往下弯曲，头部往上仰起，臀部往上翘，持续20～30秒。脊椎拱起、下弯各做3次

动作过程中，重心平均放在双手及双膝上

伸展 4 眼镜蛇式

● 伸展这里最有效：腹肌

● 动作次数：维持 20 ～ 30 秒 ×3 次

下半身贴地，双掌置于胸前将手背伸直，头往上仰起。到达自己的极限后，持续20～30秒，休息20～30秒。做3次

手掌用力撑地，保持正常呼吸

伸展 5 盘腿式

● 伸展这里最有效：鼠蹊

● 动作次数：维持 20 ～ 30 秒 ×3 次

盘坐，脚掌相对，双手握于脚踝，手肘抵住膝盖，背打直、身体向前压，利用手肘将膝盖尽量往地面贴近，持续20～30秒，休息20～30秒。做3次

伸展6 单脚坐式腿后伸展

● 伸展这里最有效：大腿后侧

● 动作次数：维持 20 ～ 30 秒 ×3 次

盘坐，将其中一腿向前伸直，脚尖朝上，将背打直，双手重叠，尽量向伸直的大腿脚尖接近，到达自己的极限后，持续20～30秒，休息20～30秒。做3次

伸展 7 触耳转体

● 伸展这里最有效：躯干旋转肌群、张开胸椎

● 动作次数：维持 20 ～ 30 秒 × 左右各做 3 次

站姿双脚与肩同宽，双手轻触双耳，将身体向左侧旋转，到极限后，左手肘尽量往下，右手肘尽量向上，到达自己的极限后，持续10～20秒，休息20～30秒，再做右侧相同伸展。左右各做3次

侧弯时，仍要保持骨盆的稳定

伸展 8 屈肘侧伸展

● 伸展这里最有效：上手臂与侧躯干

● 动作次数：维持 20 ～ 30 秒 × 左右各做 3 次

站姿，双脚与肩同宽，左手置于背部胸椎，右手置于左手肘，协助将左肩张至最开，使左手指可以尽量往下触及更下一节的胸椎，到极限后将身体向右侧弯，到达自己的极限后，持续10～20秒，休息20～30秒，再做左侧相同伸展，左右各做3次

伸展 9 站姿大腿伸展

● 伸展这里最有效：股四头肌

● 动作次数：维持 20 ～ 30 秒 × 左右各做 3 次

站姿，右大腿往后屈，右手握于右脚踝，将右脚跟尽量与臀部接近，持续20～30秒，再做左腿相同伸展，左右各做3次

正面示范

侧面示范

伸展10 推墙

● 伸展这里最有效：小腿

● 动作次数：维持 20 ～ 30 秒 × 左右各做 3 次

双掌贴于墙面，身体呈弓箭步斜靠于墙，髋部用力向墙面推，伸张伸直的小腿，持续20～30秒，换脚再做一样的伸展。左右脚各做3次

双脚的脚跟都要着地，且脚趾朝前，避免小腿肌肉受力不均

保养 2

简单的自我按摩

按摩可以让肌肉获得舒缓、解除肌肉紧绷的危机，所以学会简单的自我按摩的方法可以让你的身体更轻松。

网球按摩

准备一颗网球，置于身体酸痛或是想要舒缓的部位，用身体的力量施予该部位适当的压力并滚动约1～2分钟，如果有特别酸痛的点可以让网球停留在该点20～30秒，这样对肌肉就会有放松的效果。

以下是几个部位的示范动作：

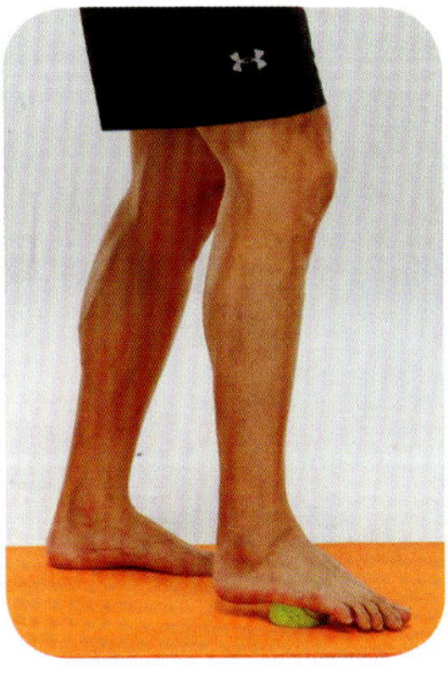

1 脚底

将网球置于一脚的脚底，利用体重在球上来回滚动1～2分钟，再换脚按压

2 臀部

坐在网球上，将要按压侧的脚翘起跨到另一腿的膝盖上方，利用体重在球上来回滚动臀部1～2分钟

3 腰椎、胸椎、肩胛骨周围

仰躺，将网球放在腰椎的位置，利用体重在球上来回滚动1～2分钟，再改移置胸椎、肩胛骨的位置按摩

腰椎

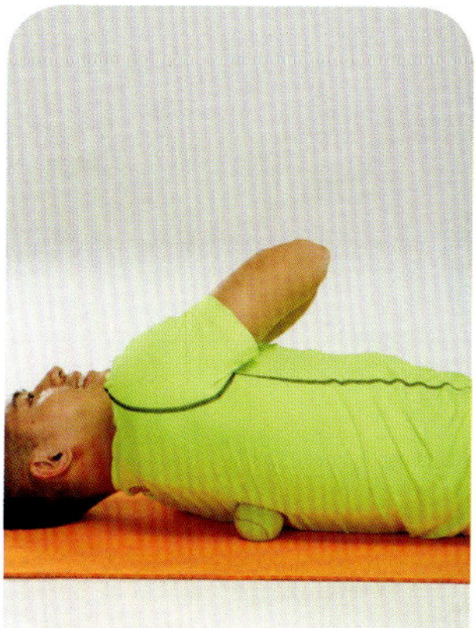

胸椎

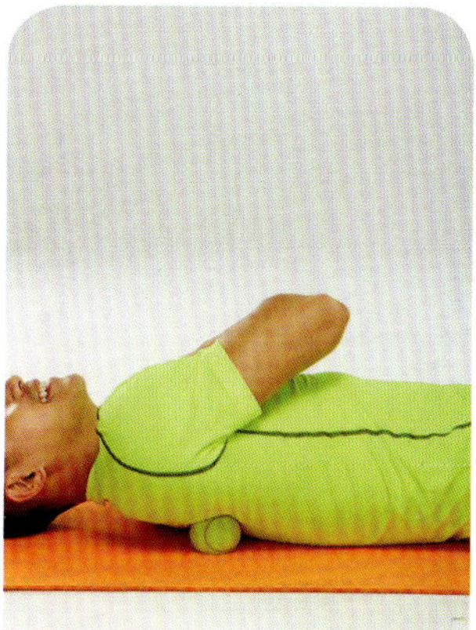

肩胛骨

4 大腿前侧

趴着，将网球置于一脚的大腿前侧，利用体重在球上来回滚动1～2分钟，再换腿按压

5 大腿侧边

侧躺，将网球置于一脚的大腿侧边，另一脚踩地作为支撑，利用体重在球上来回滚动1～2分钟，再换腿按压

棍棒按摩

准备一根棍棒，置于身体酸痛或是想要舒缓的部位，用双手的力量给该部位适当的压力并滚动约1～2分钟，这样对肌肉就会有放松的效果。

以下是几个部位的示范动作：

1 大腿前、后、内侧

双手持棍棒，分别在大腿前侧、后侧、内侧，来回滚动按压1～2分钟

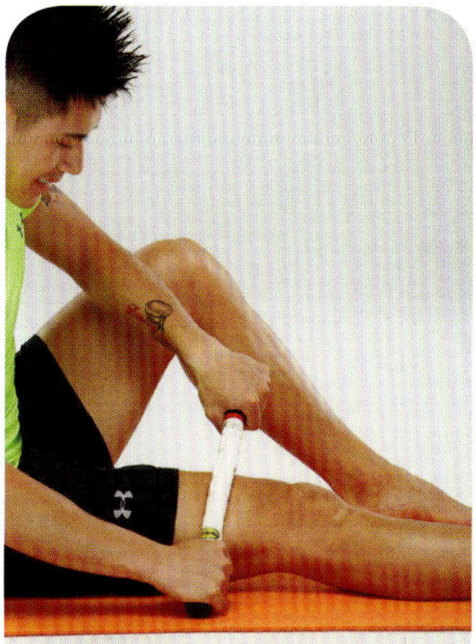

大腿前侧

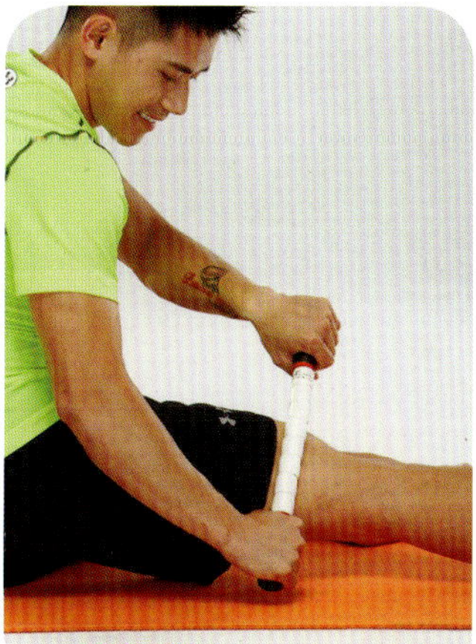

大腿后侧

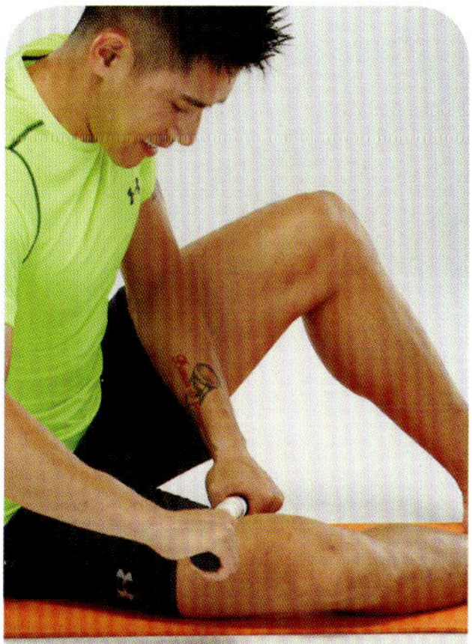

大腿内侧

2 小腿前、后侧

双手持棍棒，分别在小腿前侧、后侧，来回滚动按压1～2分钟

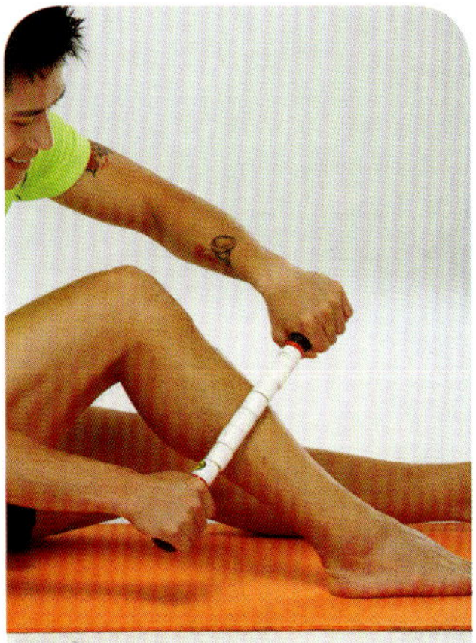

小腿前侧

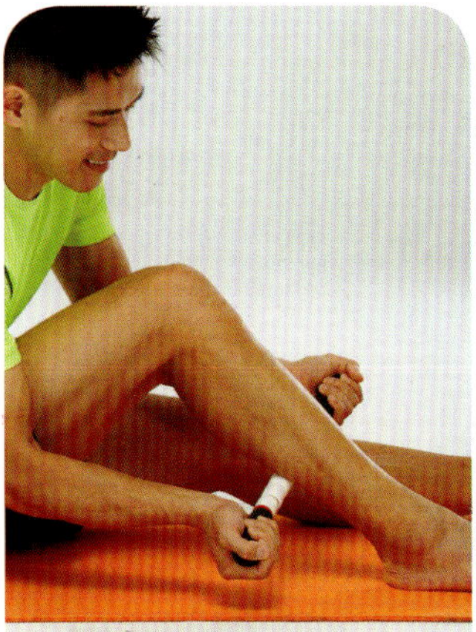

小腿后侧

※注：示范照片中的按摩专用棍棒，可用表面光滑的圆棍取代

3 侧腰

双手持棍棒，在腰的一侧来回滚动按压1～2分钟，再换另一侧按摩

4 颈部

双手持棍棒，在脖子位置来回滚动按压1～2分钟，可以变换不同的角度，以按摩到酸痛点

5 阔背肌

双手持棍棒，在腋下的一侧来回滚动按压1～2分钟，再换另一侧按摩

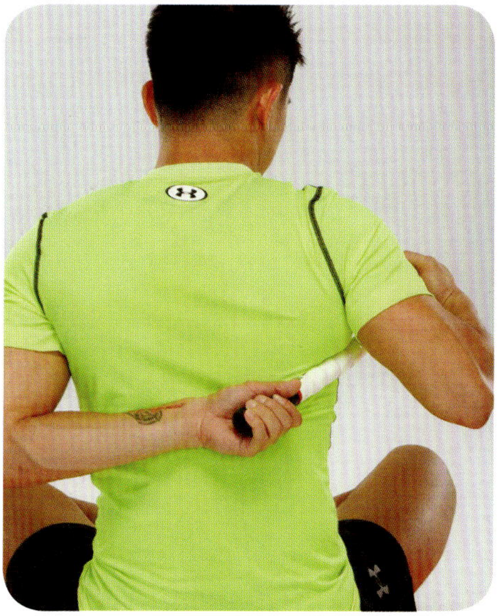

保养3 良好的生活作息

要让身体充分的休息才有可能修复白天工作或运动后的疲劳，而养成可以让自己身体有休息习惯的生活作息，才能让身体每天再生活力。最好的生活作息是晚上11点前睡觉，睡到早上6～7点起床。让身体在最需要的时间休息是最好的选择，特别是对于身体脂肪的代谢，睡眠时我们身体一方面会充分供给运动后肌肉所需要的养分，另一方面也会运用体内的脂肪来维持身体基本运作所需的能量，所以如果我们忙了一天，或运动后没办法有充分的睡眠，那么肌肉所需的养分就会供应不足，免疫系统的恢复也会降低，同时维持体内基本运作的能量就不会是从体脂肪中来，而可能是身体里的糖类，这样会让人更想吃东西，对减体脂和瘦腹力都是一大伤害。

当然你可能因为工作或其他因素没办法维持最好的作息时间，这的确是对现代人的一种挑战，果真如此，我还是建议你维持固定的睡眠时间，每天最好可以“睡饱”再起床，“睡饱”的定义因人而异，基本上7～8小时是一般人的需求，即使不能早睡，最起码做到睡饱，这样也不错。但，我想有些人连睡饱可能都会是个困难，那该如何呢？第一，我觉得最好你能解决这个问题，找到时间睡饱。第二，每天找空档时间睡20～30分钟都好。第三，请你在周末或休假时好好补眠。不然，要瘦肚子，恐怕做再多的运动也是事倍而功半了！

保养4 让心情真正的休息

身体的休息也需要心灵的放松，管理好自己的心情也是身体保养的重要一环。

有些人不论是运动、保养、营养都会要求自己做到完美，该动就动、该伸展就伸展、该怎么吃就怎么吃，一点都不逾矩，可是心情却常常因为工作或一些小事情而烦恼并感到有压力，这样好吗？其实并不好，不断地感知自己当下的情绪，排解不必要的烦恼、维持自己心情的放松愉快，这也是瘦肚子的重要步骤。因为烦恼、压力都会让身体释放出不好的内分泌，特别是压力荷尔蒙（Cortisol），它会阻碍身体脂肪的燃烧，也会促使人更想吃东西，在这种状况下怎么可能瘦呢？即便是瘦，也是瘦了燃烧脂肪的肌肉，身体的脂肪不会变少的。至于心情不好而延伸出来的睡眠不好、代谢不良等现象又会影响到运动和工作的质量，最后进入一个恶性循环里，想瘦？很难吧！

第四部分 瘦肚子的正确饮食

想要让瘦肚子更有成效，除了规律运动之外，正确的饮食方式更可以助你一臂之力。吃对食物，才能让身体充满能量，在运动的过程中也会更轻松自在。每一餐饮食一定要均衡，但要依个人体质来选择，尽量选择天然、不过度加工及烹调（例如：炸、煎、烤、炒）的食物。

吃得对加上运动得对，一定能让自己更健康，瘦肚子的效果就一定看得见！

让瘦肚子更有成效

守则 1

少量多餐 每日六餐

维持稳定的血糖是让自己变瘦的关键，因为不稳定的血糖会让人有不稳定的食欲，简单地说就是——暴饮暴食。因为如果血糖低，就会让人想吃东西，血糖高就不想吃东西，但却会因为高血糖而让自己的体脂增加，因此肥胖的人血糖通常不稳定，而这也说明了，为何糖尿病的人通常也会是个胖子（或曾经是），而他们的腰围也通常会超过标准（男性90厘米，女性80厘米）。

稳定血糖的最重要原则就是，少量多餐，每一餐最多只吃6～7分饱，且每一餐都要有碳水化合物、蛋白质、油脂，且这三大营养素最好是非人工加工过的全食物（Whole Food），例如：糙米饭比白米饭好、也比面好，鱼肉比鱼丸好，初榨未精制过的油比精致加工过的油好。

三餐习惯的最大问题是，人的胃清空食物的时间大概是3～4小时，但三餐间隔的时间通常超过3～4小时，所以我们常常会在饭前处于低血糖的状态，然后就在这种“好食欲”的情形下多吃了一些，也就造成餐后的高血糖状态，这样如何维持血糖的稳定？所以，我的建议是，在三餐中间加上“点心餐”，这样就可以让血糖稳定了。

点心餐该吃什么？我的建议还是：碳水化合物、蛋白质、油脂都要有，水果、生菜沙拉、坚果、水煮蛋、全麦吐司、橄榄油、豆浆都是很不错的选择。最糟的是面包配碳酸饮料，因为这样的“全糖”点心只会让你血糖更不稳变更胖而已。

保养2 喝充分的水帮助身体代谢

水分是身体代谢系统最重要的物质之一，缺水的身体一定是个不能正常运作的身体。却有人说要减肥的人最好少喝水，因为那会让人变重。真是一个最没有常识的说法，缺水只会让你的代谢变慢，脂肪更容易囤积在身体里，最严重的是，缺水时会让我们的肾脏受到严重的损伤，但身体一点都不会有感觉，通常因身体长时间缺水而发现有异样时，大概已经到了洗肾的阶段了，所以水分的补充不得不慎。

相反的，如果我们身体里的水分可以一直保持在充分的状况，那么我们的代谢系统就会正常，比较容易将食物转换为热量，只要我们有足够的运动量，当然就容易变瘦。但是，如果身体缺水，食物转换为热量的速度就会变慢，运动时热量的消耗也会比水分充足时少，而体内脂肪转换成热量代谢掉的比率也会降低，那么运动减重的效果就会大打折扣。所以，如果你想要变瘦，就要让身体充满水分。

守则3 蛋白质、淀粉、油脂、蔬果的个人化均衡

首先，我想强调的是：我不认为每个人的饮食内容是可以互相抄袭的。因为常常有人问我，我平常吃什么？他们想照我吃的食物来吃，这是一种很危险的想法，毕竟我有我自己的代谢情况，我对食物吸收消化的状况也不一定和别人一样，而且我的运动习惯、生活作息也可能和别人不同，我怎么好建议别人吃和我一样的食物呢？

所以，重点是每个人要找出最适合自己身体能量运作的食物，不要人云亦云吃跟别人一样的食物，那不见得会让你更健康。该如何找到最适合自己的食物呢？要警觉自己对食物的感觉，不断地尝试。例如，午餐时，你以米饭为主食，蛋白质少许，加上蔬果，仔细感觉身体在餐后1～2小时的状况，会不会昏昏欲睡？还是很有能量？隔天，反过来以蛋白质为主，身体的感觉又是如何？重视自己身体给你自己的讯息最重要，但是要会分辨是你喜欢吃的东西？还是餐后你身体感觉很好的东西？例如，如果你很喜欢吃饭食，却有可能饭后你的身体感觉沉重想睡觉，那么饭食是适合你的食物吗？当然不是，即使你喜欢吃饭食。

找出适合自己的食物，不管你是以蛋白质或淀粉为主的代谢形态，蔬果的比重都不可以过低，我的建议是每一餐都要有四分之一左右的蔬果才能维持身体代谢的平衡。另外，即使你找到了适合自己的食物与比率后，也别忘了食物烹调的方法也会决定身体对营养的吸收。例如，油炸的鸡肉、鱼肉就没有水煮的好，炒饭也没有蒸饭好。这些细节就要看你自己可以多有纪律地去遵循，毕竟知道和做到还是差很多。

守则4 运动前后都要营养补充

运动前、后该如何吃呢？

最重要的原则还是依照你自己的代谢形态吃适合你的食物，维持你身体最适应的食物模式就好，不必做太大的变化。唯一要考虑的就是：运动前身体特别需要什么？运动后身体又需要什么？

这应该不难想到，因为运动时需要有充足的热量，所以通常运动前会把较容易消化以转换成热量的食物比例提高一些，那就是碳水化合物的食物，像米饭、面条、馒头、面包之类的东西。运动后则需要多补充蛋白质以供应肌肉与免疫系统的需求，像鱼肉、豆腐、水煮蛋之类的食物，但有些时候可能不方便吃到足够的蛋白质，那我建议你可以考虑以泡蛋白粉来代替，就是大家所谓的“高蛋白”。

别小看这只是小小的调整，运动前后这样的饮食调整却有可能让你的身体可以在运动时有更好的能量运动，运动后也可以有更好的恢复，长期下来你的身体才可以维持在最佳状况而不易疲劳。

●运动前
适合吃容易转换成热量的碳水化合物
推荐饮食：米饭、面条、馒头、面包等

●运动后
适合补充蛋白质，修补肌肉与免疫系统所需
推荐饮食：鱼肉、豆腐、水煮蛋、泡蛋白粉等

对身体的好处：
1. 运动时有更好的能量
2. 运动后可以很快恢复

保养5 饮食有假日

饮食的纪律有时候的确会让人很难维持，就像每天都要工作却都无法休息，一个再强壮的人终究会受不了的。所以，我觉得为了让饮食规划可以长期执行，而且不会让人产生厌恶感，最好的方法就是饮食也有星期天，让我们因为身体健康的理由，不敢吃却很想吃的东西可以有机会品尝到。例如，炸鸡排、冰淇淋、酒，等等。这样的安排我称作是“饮食假期”，可以兼顾人性与健康的需求，也可以让“饮食纪律”比较容易被接受与长期执行。

话虽如此，仍然有些东西是我认为不管怎样都不应该碰的食物，因为这些食物对身体的伤害太巨大且不易恢复。例如：反式脂肪就是其中排名第一的东西。至于酒呢？我还是认为不可以因为饮食假日就让自己喝得醉醺醺的，毕竟酒精会减缓身体的代谢速率与恢复力，对你斤斤计较的体重恐怕是百害而无一利。

第五部分 瘦腹力的六周训练课表

六周健身运动课，从初阶到进阶，共有三种不同程度的训练课表，你可以依据个人需求，选择适宜的课表来锻炼。让你重拾健康，还更有型！

【一般课表】给每个人，你我都做得到的基础课程。

【积极课表】给有运动习惯的你，体力更上层楼的进阶课程。

【高标课表】给挑战完美精实体态的你，更扎实的精进课程。

KEISER

让你重拾健康，
还更有型！

一般课表

适用对象：任何人

此课表是为没有运动习惯，甚至没有运动经验的你而设计，这份课表简单易做，不会太累。不要担心你做不了，只要你把每一个动作做对，不要急、不要停、不要放弃，如果当天不能一次做完所有动作，可以分早、晚，甚至三次不同时段来做，循序渐进，一定会有成果的！六周后，你就可以接着做【高标课表】，开始加强你身体的外层肌肉与强化体型了！

◎基础篇六周课表

周次		第一周	第二周
一般课表	每天做	×	②热身瘦腹操 动作04～09
	每天做	⑤慢跑两公里	⑤慢跑三公里
	每天做	①体态锻炼 动作01～03	①体态锻炼 动作01～03
	每天做	×	×
	周日、周三除外每天做	×	×
	周日除外选非连续两天做 （周一、三、五或二、四、六）	×	×

★重要提醒：运动最后请务必留下至少15分钟做伸展动作1～10

第三周	第四周	第五周	第六周
②热身瘦腹操 动作04～09	②热身瘦腹操 动作04～09	②热身瘦腹操 动作04～09	②热身瘦腹操 动作04～09
⑤慢跑四公里	⑤慢跑四公里＋③间歇运动	⑤慢跑五公里＋③间歇运动	⑤慢跑五公里以上＋③间歇运动
①体态锻炼 动作01～03	①体态锻炼 动作01～03	①体态锻炼 动作01～03	①体态锻炼 动作01～03
④强化核心 动作10～11	④强化核心 动作10～12	④强化核心 动作10～13	④强化核心 动作10～13
⑥全身功能运动 动作15～16	⑥全身功能运动 动作15～17	⑥全身功能运动 动作15～19	⑥全身功能运动 动作15～20
×	×	⑧练腹肌 动作30～33	⑧练腹肌 动作30～33

积极课表

适用对象：有运动基础者

此课表适合给个性较积极且有运动基础的人，一天的课表不一定要一次做完，可以分早、晚来做，重点是要把力量使用的顺序做对，掌握每一个运动项目的质量，渐进增强自己的体力与改善身材。如果你完成这四周的课表后，想再精进，那请参考下一份【高标课表】。

◎进阶篇四周课表

周次		第一周
积极课表	每天做	②热身瘦腹操 动作04～09
	每天做	⑤慢跑四公里
	每天做	①体态锻炼 动作01～03
	每天做	④强化核心 动作10～11
	周日、周三除外每天做	⑥全身功能运动 动作15～16
	周日除外选非连续两天做 （周一、三、五或二、四、六）	×

★重要提醒：运动最后请务必留下至少15分钟做伸展动作1～10

第二周	第三周	第四周
②热身瘦腹操 动作04～09	②热身瘦腹操 动作04～09	②热身瘦腹操 动作04～09
⑤慢跑四公里＋③间歇运动	⑤慢跑五公里＋③间歇运动	⑤慢跑五公里以上＋③间歇运动
①体态锻炼 动作01～03	①体态锻炼 动作01～03	①体态锻炼 动作01～03
④强化核心 动作10～12	④强化核心 动作10～13	④强化核心 动作10～13
⑥全身功能运动 动作15～17	⑥全身功能运动 动作15～19	⑥全身功能运动 动作15～20
×	⑧练腹肌 动作30～33	⑧练腹肌 动作30～33

高标课表

适用对象：有运动习惯者

此课表适合对自我要求较高且有运动习惯的人，一天的课表不一定要一次做完，可以分早、晚来做，重点是要把力量使用的顺序做对，掌握每一个运动项目的质量。因为这份课表已经开始锻炼身体外层的大肌肉群，所以需要更好的保养、休息与营养的配合，这样你的体力与体形才可以在不受伤的情况下越来越好。

◎精进篇四周课表

周次		第一周
高标课表	每天做	②热身瘦腹操 动作04～09
	每天做	⑤慢跑四公里
	每天做	①体态锻炼 动作01～03
	每天做	④强化核心 动作10～11
	周日、周三除外每天做	⑥全身功能运动 动作15～16
	周日除外选非连续两天做 （周一、三、五或二、四、六）	×
	周日除外奇数天做 （周一、三、五）	⑦增加肌肉量 动作21～22
	周日除外偶数天做 （周二、四、六）	⑦增加肌肉量 动作27～29

★重要提醒：运动最后请务必留下至少15分钟做伸展动作1～10

第二周	第三周	第四周
②热身瘦腹操 动作04～09	②热身瘦腹操 动作04～09	②热身瘦腹操 动作04～09
⑤慢跑四公里＋③间歇运动	⑤慢跑五公里＋③间歇运动	⑤慢跑五公里以上＋③间歇运动
①体态锻炼 动作01～03	①体态锻炼 动作01～03	①体态锻炼 动作01～03
④强化核心 动作10～12	④强化核心 动作10～13	④强化核心 动作10～13
⑥全身功能运动 动作15～17	⑥全身功能运动 动作15～19	⑥全身功能运动 动作15～20
×	⑧练腹肌 动作30～33	⑧练腹肌 动作30～33
⑦增加肌肉量 动作21～24	⑦增加肌肉量 动作21～24	⑦增加肌肉量 动作21～24
⑦增加肌肉量 动作27～29	⑦增加肌肉量 动作25～29	⑦增加肌肉量 动作25～29

33个瘦腹力健身操

本书介绍的33个健身操，一次展开，让你随时都能复习与练习，养成瘦腹力！

基础

1 体态锻炼：体态锻炼是瘦腹力的基础！

01 侧移站姿

左右换边练习

02 分腿1/4蹲姿

左右换边6秒

03 分腿半蹲

左右换边6秒

2 热身瘦腹操ABC：启动身体的燃脂引擎

A. 提升心肺功能与促进血液循环

可以让你的心跳加速，让自己身体微微出汗的动作，例如：快走或慢跑约10分钟，跳绳或原地跳约3～5分钟等。

B. 关节启动

04 下半身——髋关节的启动

每个动作做12次

05 上半身——肩关节的启动

每个动作做10次

C. 动态伸展操

06 大跨步旋转

每个动作维持2秒×2组

07 后跨步旋转

每个动作维持2秒×2组

08 侧跨蹲

动作维持2秒×6组

09 手走路

每个动作维持2秒×3次

3 间歇运动：甩油效果一级棒

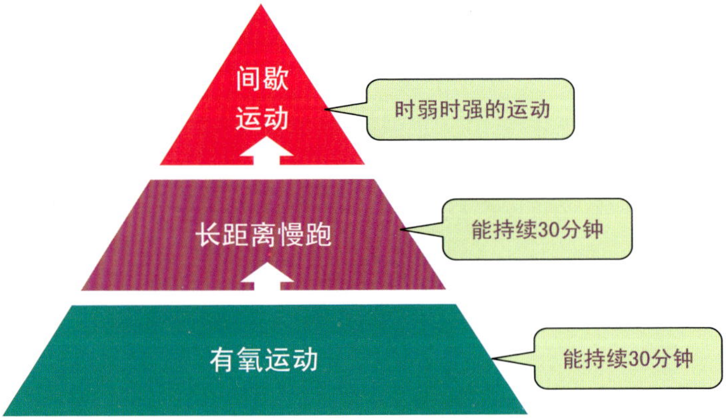

4 强化核心：让腹腔变小的关键！

10 三点搭桥

每个动作维持2秒×3次

11 侧搭桥

动作维持30～60秒×3次

12 臀搭桥

动作维持30～60秒×3次

13 四足跪姿转体

连续动作做12次×3组

5 姿势跑法：唤起我们最基本的运动能力

14 姿势跑法

原则1：姿势POSE　　原则2：前倾FALL　　原则3：上拉PULL

6 全身功能运动：让身体更敏捷有爆发力

15 蹲跳

做6～12次

16 分腿蹲跳

做6～12次

空中交换左右脚

17 旋转蹲跳

做3～6组

跳起再向左侧旋转90度

着地后姿势

18 单脚蹲立

左右各做6～12次

19 健身球旋转推举

做6～12次

20 波比跳

做6～12次

7 增加肌肉量：燃脂不打烊，身体更灵活

21 哑铃蹲站

做6～12次×3组

22 罗马尼亚硬举

做6～12次×3组

23 伏地挺身

做8～20次×3组

进阶

24 哑铃双手蹲姿水平拉

做8～20次×3组

25 哑铃站姿上推

做8～20次×3组

26 弹力绳下拉

做8～20次×3组

27 弯曲手臂

做8～20次×3组

28 伸直手臂

做8～20次×3组

29 手臂侧举

做8～20次×3组

8 练腹肌：打造精瘦美的王字肌、马甲线

进阶

30 麦吉尔式仰卧起坐

做6～12次×3～4组

31 V字形屈身

做6～12次×3～4组

32 海星式

做6～12次×3～4组

33 仰卧抬腿

做6～12次×3～4组